- FAIT MAISON -

RECETTES CH'TIS

Recettes gourmandes
testées à la maison

Audrey Le Goff

- FAIT MAISON -

RECETTES CH'TIS

Photographies : Françoise Nicol
Stylisme : Chae Rin Vincent

hachette
CUISINE

STAUB

STAUB

- FAIT MAISON -

SOMMAIRE

- INTRODUCTION -

Si la cuisine ch'ti ne fait pas partie des cuisines les plus renommées, elle recèle pourtant de nombreux trésors incontestés ! Qui ne s'est jamais régalé avec une ficelle picarde, des moules marinières, des gaufres liégeoises ou encore des spéculoos ?

À travers ce recueil non exhaustif de recettes typiques de la région, vous êtes invité en pays ch'ti, mais attention… vous risquez de ne plus vouloir le quitter ! Entre la puissance des fromages, la diversité des bières et la saveur incomparable des produits de la terre et de la mer, impossible de résister ! Les produits du terroir ne manquent pas chez les Ch'tis et c'est sans nul doute ce qui rend cette cuisine si authentique.

Les traditions culinaires sont encore très présentes lors des fêtes, telles que les ducasses et leurs beignets, la braderie de Lille et ses moules-frites ou encore la fête des Nieulles et son jeté de biscuits.

Riche et variée, *eul cuisine ch'ti* est à l'image de sa population : économe certes, mais toujours généreuse !

- À SAVOIR -

Pour éviter de rencontrer des difficultés au cours de la réalisation des recettes, je vous invite à lire les quelques notes ci-dessous.

CUISSON DES LÉGUMES

La cuisson à l'eau ou dans un bouillon convient à tous les légumes.

Pour les légumes verts, on peut ajouter 1 pincée de bicarbonate de soude dans l'eau de cuisson pour garder leur couleur bien verte. De plus, les légumes verts contiennent des acides volatils qui donnent une vilaine teinte jaune, il ne faut donc pas les couvrir lors de la cuisson pour laisser échapper la vapeur d'eau contenant les acides.

Pour les légumes farineux ou les légumes racines (sauf les carottes, les navets et les panais), il faut commencer la cuisson dans l'eau froide sinon les légumes durcissent. Salez l'eau dès les premiers bouillons, sauf pour les légumineuses dont la peau durcit au contact du sel ; on salera donc à la fin.

Pour éviter que les légumes qui s'oxydent ne noircissent avant la cuisson (artichauts, cardons, blettes, crosnes, salsifis, fenouils, endives, céleri-rave), mettez-les dans un saladier d'eau additionnée de quelques gouttes de jus de citron après les avoir épluchés.

CONSERVATION DES SOUPES

On peut conserver une soupe maison pendant 3 à 5 jours au réfrigérateur à condition qu'elle ne contienne pas d'œuf ou de crème fraîche. Si tel était le cas, gardez la soupe 48 h maximum au réfrigérateur, sinon congelez-la aussitôt pour la conserver ainsi jusqu'à 3 mois.

Pour congeler une soupe, préférez l'utilisation de récipients en plastique avec couvercles adaptés aux températures négatives. Répartissez la soupe dans des petits contenants (50 cl) pour ne pas devoir en décongeler plus que nécessaire. Faites attention à ne pas trop remplir les récipients car le volume va augmenter lors de la congélation.

En revanche, les soupes crues avec des morceaux ne supportent pas la congélation car les dés de légumes contiennent de l'eau et, lors de la décongélation, ils perdent tout leur croquant.

Le robot de cuisine facilite la tâche mais il n'est pas indispensable. Vous pouvez très bien pétrir vos préparations à la main, il faut simplement être patient car cela vous demandera un peu plus de temps que si vous utilisez un robot.

BRIOCHES ET PÂTES LEVÉES

N'ajoutez pas la levure dans un mélange trop chaud car au-dessus de 37 °C, elle meurt et votre pâte ne lèvera pas.

Faites lever votre pâte dans un endroit tiède, par exemple à côté d'un radiateur, entre 1 h et 2 h, jusqu'à ce qu'elle ait doublé de volume. Vous pouvez aussi faire lever votre pâte pendant 1 nuit au réfrigérateur. Elle lèvera malgré le froid.

Pour gagner du temps, couvrez le bol à l'aide de film alimentaire à la place d'un torchon : la pousse sera plus rapide.

J'utilise toujours de la levure fraîche de boulanger dans les pâtes levées. Elle s'achète sous forme de cubes de 42 g au rayon frais des supermarchés. Elle se conserve environ 3 semaines au réfrigérateur. Si vous n'en avez pas, vous pouvez utiliser de la levure de boulanger déshydratée (attention de ne pas la confondre avec la levure chimique utilisée dans les gâteaux pour les faire gonfler).

LES FARINES

N'utilisez jamais de farine fluide, mais tamisez vous-même la farine à l'aide d'une passoire : le résultat sera meilleur et votre gâteau plus moelleux.

Évitez également la farine qui contient déjà de la levure, il vaut mieux avoir des sachets de levure à part.

- CE QU’IL VOUS FAUT -

- Casseroles et poêles de différentes tailles
- Cocotte en fonte ou en fonte émaillée
- Crêpière
- Écumoire
- Emporte-pièce
- Friteuse
- Gaufrier équipé de différentes plaques (gaufres et gaufrettes)
- Mixeur
- Moule à cake
- Moules à crèmes brûlées

- Plat à gratin
- Plat à tarte
- Plat à terrine
- Plats et cocottes individuels
- Robot et batteur électrique
- Rouleau à pâtisserie
- Plaque à pâtisserie
- Spatule
- Sorbetière
- Verrines

- FAIT MAISON -

RECETTES DE BASE

VÉRITABLES FRITES CH'TIS

Pas de cuisine ch'ti sans frites ! Que ce soit pour accompagner des moules ou sur le pouce dans une baraque à frites, il est impossible de ne pas déguster de frites dans le Nord. Traditionnellement, elles étaient cuites dans le gras de bœuf. Si aujourd'hui, elles sont le plus souvent cuites dans de l'huile végétale, le secret des véritables frites ch'tis réside dans la double cuisson.

FACILE

Pour **4** personnes
30 min de préparation
30 min de cuisson
10 min de repos
Coût €

1 kg de pommes de terre à chair farineuse (Bintje, Caesar, Manon, Agria) • Huile de friture • Sel

Matériel
Couteau économe • Papier absorbant • Friteuse • Écumoire

1 Épluchez les pommes de terre et coupez-les en bâtonnets d'environ 1 cm de large.

2 Pour enlever l'excès d'amidon, faites tremper les frites crues pendant 10 min dans de l'eau froide. Sortez-les de l'eau et essuyez-les avec du papier absorbant ou un torchon propre.

3 Faites chauffer l'huile de friture à 150 °C. Plongez la moitié des frites dans l'huile et faites-les cuire pendant 10 min. Égouttez-les bien et laissez-les refroidir. Renouvelez l'opération avec l'autre moitié des frites.

4 Montez la température de l'huile à 180 °C. Avant de servir, plongez les frites dans l'huile, toujours en 2 fournées pendant 5 min, afin de les faire dorer. Servez immédiatement et laissez chaque convive saler les frites à sa convenance.

PÂTE À CRÊPES SUCRÉE

FACILE

Pour environ **30** crêpes
15 min de préparation
1 h de repos
4 min de cuisson par crêpe
Coût €

500 g de farine • 1 pincée de sel • 5 œufs • 75 cl de lait • 25 cl de bière blonde ou ambrée • 2 cuil. à soupe de rhum • 2 cuil. à soupe de sucre en poudre • 1 sachet de sucre vanillé • 50 g de beurre

Matériel
Fouet • Crêpière

1 Dans un saladier, mélangez la farine et le sel. Creusez un puits et cassez-y les œufs, les uns après les autres, en mélangeant bien entre chaque ajout.

2 Mélangez au fouet tout en ajoutant progressivement le lait et la bière. Vous devez obtenir une pâte bien lisse.

3 Ajoutez le rhum, les sucres et le beurre fondu. Mélangez de nouveau. Laissez reposer pendant 1 h.

4 Faites cuire les crêpes 1 à 2 min par face dans une poêle très chaude et huilée. Servez avec de la vergeoise, de la pâte de spéculoos (recette p. 180), de la confiture ou du chocolat fondu.

VARIANTE

Vous pouvez bien sûr remplacer la bière par 25 cl de lait, si ces crêpes sont plutôt destinées à un goûter d'enfants.

PÂTE À CRÊPES SALÉE

FACILE

Pour environ **10** crêpes
15 min de préparation
1 h de repos
4 min de cuisson par crêpe
Coût €

200 g de farine • 3 œufs • 50 cl de lait • 1 pincée de sel • 1 cuil. à soupe d'huile d'arachide

Matériel
Fouet • Crêpière

1 Dans un saladier, mélangez la farine et le sel. Creusez un puits et cassez-y les œufs les uns après les autres, en mélangeant bien entre chaque ajout.

2 Mélangez au fouet tout en versant progressivement le lait. Vous devez obtenir une pâte bien lisse.

3 Ajoutez l'huile et laissez reposer la pâte pendant 1 h.

4 Faites cuire les crêpes 1 à 2 min par face dans une poêle très chaude et huilée. Garnissez-les avec du jambon, du maroilles et 1 œuf cuit au plat.

PAIN D'ÉPICE

Si le pain d'épice est considéré comme une friandise du mois de décembre que l'on trouve traditionnellement sur les marchés de Noël, dans le Nord, il est souvent utilisé en association avec de la bière dans les plats mijotés.

FACILE

Pour **10** personnes
10 min de préparation
40 min de cuisson
48 h de repos
Coût €€

250 g de farine + 1 cuil. à soupe pour le moule • 1 sachet de levure • 1 cuil. à café de bicarbonate de soude • 1 cuil. à café bombée de cannelle • 1 cuil. à café bombée de quatre-épices • 1 cuil. à café rase de noix de muscade • 1 cuil. à café rase de gingembre • 15 cl de lait entier • 250 g de miel • 50 g de sucre complet (ou de cassonade) • 5 cl d'huile de colza ou de tournesol •1 noix de beurre pour le moule

Matériel
Moule à cake • Papier d'aluminium

1 Préchauffez le four à 150 °C (th. 5). Dans un saladier, mélangez la farine avec la levure, le bicarbonate de soude et les épices.

2 Dans une casserole, versez le lait, le miel et le sucre. Faites chauffer à feu doux jusqu'à ce que le sucre ait totalement fondu.

3 Faites un puits dans la farine et versez-y le mélange au miel. Mélangez jusqu'à obtenir une pâte homogène. Ajoutez l'huile et mélangez de nouveau.

4 Versez la pâte dans un moule à cake beurré et fariné. Enfournez pour 40 min de cuisson. Laissez tiédir avant de démouler. Lorsqu'il est froid, emballez le pain d'épice dans du papier d'aluminium et laissez-le reposer 48 h avant de le couper en tranches pour le tartiner.

CONSEIL

Pour un pain d'épice bien parfumé, utilisez un miel fort en goût comme du miel de sapin ou de châtaignier.

SPÉCULOOS

Biscuit traditionnel en forme de saint Nicolas, le spéculoos est consommé lors de l'Avent en Belgique, aux Pays-Bas, en Allemagne et dans le nord de la France. L'association de la cannelle et de la vergeoise lui donne son aspect brun et croquant, auquel il est difficile de résister. Il entre dans la composition de nombreuses recettes de cuisine ch'ti, sucrées ou salées.

FACILE

Pour environ **30** spéculoos
20 min de préparation
2 h de repos
10 min de cuisson
Coût €

125 g de beurre demi-sel mou • 125 g de vergeoise brune • 1 cuil. à café de cannelle • 1 cuil. à café de quatre-épices • 1 œuf • 250 g de farine • 1 cuil. à café de levure

Matériel

Fouet • Emporte-pièce rectangulaire • Film alimentaire • Rouleau à pâtisserie • Plaque à pâtisserie • Papier sulfurisé

1 Dans un saladier, travaillez le beurre mou avec la vergeoise et les épices. Ajoutez l'œuf et battez le mélange en crème à l'aide d'un fouet.

2 Incorporez petit à petit la farine et la levure en travaillant la pâte avec une spatule. Finissez de la travailler à la main et formez une boule. Enveloppez la pâte dans du film alimentaire et laissez-la reposer pendant 2 h au réfrigérateur.

3 Préchauffez le four à 180 °C (th. 6). Farinez légèrement le plan de travail et, à l'aide du rouleau à pâtisserie, étalez la pâte sur une épaisseur de 0,5 cm. Avec l'emporte-pièce, découpez les spéculoos et mettez-les sur la plaque à pâtisserie recouverte de papier sulfurisé.

4 Enfournez pour 10 min de cuisson. À la sortie du four, laissez les biscuits refroidir sur une grille.

À SAVOIR

Les spéculoos se conservent pendant plusieurs jours dans une boîte métallique.

PÂTE BRISÉE

TRÈS FACILE

Pour **1** pâte
10 min de préparation
30 min de réfrigération
Coût €

250 g de farine • 125 g de beurre • 1 pincée de sel

Matériel
Film alimentaire

1 Versez la farine dans un saladier ou sur le plan de travail. Creusez un puits et déposez au centre le beurre ramolli et coupé en morceaux. Ajoutez le sel.

2 Mélangez du bout des doigts jusqu'à obtenir une consistance de sable. Ajoutez un peu d'eau pour lier.

3 Malaxez la pâte jusqu'à ce qu'elle devienne homogène et élastique. Formez une boule et laissez-la reposer au frais pendant 30 min, bien emballée dans du film alimentaire.

VARIANTE
Vous pouvez mettre un peu de sucre (avant d'ajouter l'eau).

PÂTE SABLÉE

TRÈS FACILE

Pour **1** pâte
10 min de préparation
30 min de réfrigération
Coût €

250 g de farine • 125 g de beurre • 80 g de sucre en poudre • 1 jaune d'œuf

Matériel
Film alimentaire

1 Versez la farine dans un saladier. Creusez un puits et déposez au centre le beurre ramolli et coupé en morceaux.

2 Ajoutez le sucre et mélangez du bout des doigts jusqu'à ce que vous obteniez une consistance de sable. Incorporez le jaune d'œuf et un peu d'eau pour lier.

3 Malaxez la pâte jusqu'à ce qu'elle devienne bien homogène.

4 Formez une boule et emballez-la dans du film alimentaire. Laissez-la reposer pendant 30 min au frais.

CONSEIL
Ajoutez un peu de cannelle à la pâte si vous faites une tarte aux pommes, par exemple.

LILLE

CUISINE À LA BIÈRE

Difficile de parler de la cuisine du Nord sans évoquer la bière. Si celle-ci accompagne à merveille de nombreux mets, elle entre aussi directement dans la composition d'un certain nombre de recettes. On la trouve notamment dans les plats mijotés de viandes ou de poissons. L'amertume de la bière est souvent adoucie par une note sucrée, comme le pain d'épice dans la carbonnade flamande ou la gelée de groseille dans le lapin à la bière.

UN PEU DIFFICILE

Pour **6** personnes
30 min de préparation
1 h de repos
3 min de cuisson
Coût €

BEIGNETS DE MAROILLES À LA BIÈRE

Fromage à la pâte souple et onctueuse avec une odeur franche, le maroilles est le fromage emblématique de la cuisine ch'ti. Sous forme de beignets et associé à la bière, il se transforme en une entrée pleine de saveurs.

3 jaunes d'œufs • 200 g de farine • 1 maroilles • 20 cl de bière blonde • 2 sachets de levure de boulanger • 1 pincée de sel • Huile de friture

Matériel

Fouet • Torchon • Friteuse • Écumoire • Papier absorbant

1. Dans une assiette creuse, battez les jaunes d'œufs. Dans une autre assiette, versez 50 g de farine. Coupez le maroilles en gros dés. Trempez-les dans les jaunes d'œufs battus, puis roulez-les dans la farine. Réservez au frais.

2. Faites tiédir très légèrement la bière. Ajoutez la levure et mélangez. Versez les 150 g de farine restants en pluie tout en mélangeant au fouet. Vous devez obtenir une pâte bien homogène. Ajoutez le sel. Recouvrez le saladier avec un torchon et laissez reposer pendant 1 h.

3. Faites chauffer l'huile à 180 °C. Trempez 2 dés de maroilles dans la pâte à beignets, puis déposez-les dans l'huile chaude. Faites-les cuire pendant 3 min en les tournant régulièrement pour qu'ils soient bien ronds. Sortez-les de l'huile à l'aide de l'écumoire et posez-les sur du papier absorbant.

4. Renouvelez l'opération avec les dés de maroilles restants, toujours en les faisant cuire deux par deux. Servez aussitôt accompagné d'une salade verte.

VARIANTE

Vous pouvez faire cette recette avec d'autres fromages du Nord, comme le vieux-lille.

FACILE

Pour **6** personnes
30 min de préparation
1 h **20** de cuisson
Coût €€€

BLANQUETTE À LA BIÈRE

Avec une garniture simple et des ingrédients savoureux, la blanquette de veau est l'un des plats les plus appréciés des Français. Le terme « blanquette » vient de la couleur blanche de la sauce qui nappe le ragoût. Ici, elle prend une couleur blonde avec l'ajout de la bière.

1,2 kg d'épaule de veau • 30 g de beurre • 1 cuil. à soupe d'huile d'olive • 3 oignons • 2 carottes • 300 g de champignons de Paris • 1 poireau • 1 branche de céleri • 200 g de lardons fumés • 30 g de farine • 50 cl de bière blonde • 1 bouquet garni • 10 grains de poivre • 2 jaunes d'œufs • 15 cl de crème fraîche épaisse • Le jus de 1/2 citron • Sel, poivre

Matériel
Cocotte • Couteau économe

1. Coupez la viande en cubes. Dans une cocotte, faites chauffer le beurre et l'huile. Faites-y revenir la viande pendant quelques minutes, salez et poivrez. Enlevez la viande de la cocotte et réservez.

2. Épluchez les oignons et les carottes. Émincez les oignons, les champignons et le poireau. Coupez les carottes et le céleri en petits dés.

3. Dans la cocotte utilisée pour la viande, faites revenir les oignons avec les lardons. Quand les oignons ont pris une coloration blonde, remettez la viande. Saupoudrez de farine et mélangez pour bien enrober les morceaux. Versez la bière, ajoutez le bouquet garni et les grains de poivre.

4. Faites cuire pendant 20 min à couvert. Ajoutez les légumes et prolongez la cuisson pendant encore 40 min.

5. Mélangez les jaunes d'œufs avec la crème et versez le tout dans la cocotte. Ajoutez le jus de citron, mélangez et rectifiez l'assaisonnement. Servez aussitôt, accompagné de riz ou de pommes vapeur.

CONSEIL
Vous pouvez parfumer la blanquette en ajoutant des herbes fraîches ciselées (ciboulette, persil, basilic) juste avant de servir.

FACILE

Pour **6** personnes
30 min de préparation
3 h **15** de cuisson
Coût €€

CARBONNADE FLAMANDE

La carbonnade flamande est une cousine éloignée du fameux bœuf bourguignon, à la différence que la bière remplace ici le vin rouge. C'est un plat typique du nord de la France, mais aussi de la Belgique. Elle est composée de morceaux de bœuf, d'oignons, de pain d'épice ou de cassonade, le tout longuement cuit dans la bière.

1,5 kg de bœuf (dans le paleron, la macreuse ou le gîte) • 400 g d'oignons (4 oignons environ) • 60 g de saindoux (ou de margarine) • 1 cuil. à soupe de vergeoise • 2 cuil. à soupe de farine • 75 cl de bière ambrée • 1 bouquet garni • 6 tranches de pain d'épice (recette p. 20) • 6 cuil. à café de moutarde • Sel, poivre

Matériel
Cocotte

1. Coupez la viande en gros cubes en prenant soin d'enlever l'excès de gras. Épluchez et émincez les oignons.

2. Dans une cocotte, faites fondre 30 g de saindoux. Faites-y dorer la viande pendant quelques minutes. Retirez les morceaux de viande de la cocotte. Faites fondre les 30 g de saindoux restants. Ajoutez les oignons et faites-les revenir en remuant de temps en temps. Quand ils commencent à blondir, ajoutez la vergeoise et prolongez la cuisson de quelques minutes.

3. Replacez la viande dans la cocotte avec son jus. Saupoudrez de farine et mélangez pour bien enrober les morceaux. Versez la bière et complétez avec de l'eau pour que la viande soit entièrement couverte. Salez, poivrez et ajoutez le bouquet garni.

4. Tartinez les tranches de pain d'épice avec la moutarde et placez-les dans la cocotte. Portez à ébullition, puis couvrez et laissez cuire à feu très doux pendant 2 h 30, en mélangeant toutes les 30 min. Enlevez le couvercle de la cocotte et prolongez la cuisson de 30 min.

5. Servez accompagné de frites maison (recette p. 14), de pommes vapeur ou encore de pâtes fraîches.

CONSEIL
N'hésitez pas à préparer ce plat la veille et à le réchauffer doucement, il sera encore meilleur.

FACILE

Pour **6** à **8** personnes
30 min de préparation
2 h **30** de cuisson
Coût €€

COQ À LA BIÈRE

Cette recette authentique de coq à la bière est tout simplement la version ch'ti du coq au vin. Mijoté pendant des heures, c'est le plat dominical par excellence, autour duquel les familles aiment se retrouver pour un moment de convivialité.

1 coq de 2 à 2,5 kg • 4 cuil. à soupe de farine • 3 cuil. à soupe d'huile de tournesol • 500 g de champignons de Paris • 3 échalotes • 10 cl de genièvre • 1 l de bière ambrée • 1 bouquet garni • 20 cl de crème fraîche • Sel, poivre

Matériel
Cocotte • Écumoire

1. Débitez le coq en morceaux, salez-les, poivrez-les et passez-les dans la farine. Mettez à chauffer l'huile dans la cocotte, puis faites-y dorer les morceaux de coq sur toutes les faces. Enlevez la viande et réservez.

2. Nettoyez les champignons, coupez-les en lamelles. Épluchez les échalotes et émincez-les. Dans la cocotte ayant servi à la cuisson de la viande, faites revenir les échalotes et les champignons pendant quelques minutes, en surveillant bien. Ajoutez les morceaux de coq et arrosez de genièvre. Faites flamber.

3. Versez la bière et ajoutez le bouquet garni. Salez et poivrez. Faites cuire à feu doux et à couvert pendant 2 h.

4. Retirez les morceaux de viande et les champignons à l'aide de l'écumoire. Faites réduire la sauce de moitié à feu vif et à découvert, puis baissez le feu et ajoutez la crème. Mélangez et replacez la viande et les champignons dans la cocotte. Servez accompagné de frites maison (recette p. 14) ou de pommes vapeur.

VARIANTE
Vous pouvez aussi faire cette recette avec un gros poulet fermier.

FACILE

Pour **6** personnes
30 min de préparation
1 h **45** de cuisson
Coût €€

LAPIN À LA BIÈRE

Au fond des petits jardins ouvriers du Nord, on trouvait souvent une basse-cour où couraient quelques poules et lapins. Longuement mijoté, le lapin à la bière est un grand classique de la cuisine ch'ti. L'amertume de la bière est ici atténuée par la douceur de la gelée de groseille.

30 g de margarine • 1 lapin de 1,5 kg coupé en morceaux • 1 cube de bouillon de volaille • 2 oignons • 300 g de champignons de Paris • 2 cuil. à soupe de farine • 33 cl de bière brune • 1 bouquet garni • 1 cuil. à soupe de moutarde à l'ancienne • 2 cuil. à soupe de gelée de groseille • Sel, poivre

Matériel
Cocotte

1. Dans une cocotte, faites fondre la margarine et faites dorer les morceaux de lapin sur toutes les faces. Enlevez la viande et réservez.

2. Préparez un bouillon en amenant à ébullition 20 cl d'eau avec le cube de bouillon de volaille.

3. Pelez et émincez les oignons. Nettoyez les champignons et coupez-les en lamelles. Dans la cocotte ayant servi à la cuisson de la viande, faites revenir les oignons et les champignons pendant quelques minutes.

4. Lorsque les oignons sont tendres, saupoudrez de farine, puis versez le bouillon de volaille tout en mélangeant. Faites épaissir pendant quelques minutes à feu doux.

5. Ajoutez alors la bière et le bouquet garni ainsi que la moutarde et la gelée de groseille. Remettez les morceaux de lapin dans la cocotte, salez et poivrez. Faites cuire à feu doux et à couvert pendant 1 h 30. Servez accompagné de pâtes fraîches ou de pommes vapeur.

VARIANTE
Vous pouvez remplacer la gelée de groseille par une autre confiture, de la cassonade ou du miel.

FACILE

Pour **6** personnes
20 min de préparation
30 min de cuisson
Coût €€€

LOTTE À LA BIÈRE

Si la bière est traditionnellement utilisée pour cuisiner les plats mijotés de viande, elle peut également servir de bouillon pour la cuisson du poisson, comme ici avec la lotte.

3 échalotes • 1 morceau de lotte d'environ 1,2 kg • 25 g de beurre • 1 cuil. à soupe d'huile de tournesol • 25 cl de bière ambrée • 2 tranches de pain d'épice (recette p. 20) • 2 branches de thym • Sel, poivre

Matériel
Cocotte

1. Pelez et hachez les échalotes. Coupez la lotte en 6 morceaux. Faites chauffer le beurre et l'huile dans une cocotte. Faites dorer les morceaux de lotte pendant 1 min sur chaque face.

2. Ajoutez les échalotes, la bière, les tranches de pain d'épice émiettées et les branches de thym. Salez et poivrez.

3. Faites cuire à feu doux et à couvert pendant 20 min. Servez accompagné de riz ou de pommes vapeur.

VARIANTE
Remplacez la lotte par du cabillaud coupé en tranches épaisses.

FACILE

Pour **6** personnes
20 min de préparation
1 h de cuisson
Coût €€€

POULET À LA BIÈRE CERISE

La bière cerise, ou kriek, est une bière belge obtenue en plongeant des cerises acides entières dans un lambic, une bière à la fermentation spontanée. Particulièrement fruitée, elle apporte à ce plat une note très agréable.

30 g de beurre • 1 poulet coupé en morceaux • 3 échalotes • 200 g de lardons • 3 cuil. à soupe de farine • 1 l de bière aromatisée à la cerise • 1 bouquet garni • 2 pommes • 2 poignées de raisins secs • Sel, poivre

Matériel
Cocotte • Couteau économe

1. Dans une cocotte, faites fondre le beurre et faites dorer les morceaux de poulet sur toutes les faces. Retirez la viande de la cocotte et réservez.

2. Épluchez et émincez les échalotes. Dans la cocotte ayant servi à la cuisson de la viande, faites revenir les échalotes et les lardons pendant quelques minutes. Replacez les morceaux de viande dans la cocotte et saupoudrez le tout de farine. Mouillez avec la bière cerise et ajoutez le bouquet garni. Salez et poivrez. Faites cuire à feu doux et à couvert pendant 30 min.

3. Épluchez les pommes et coupez-les en quartiers. Mettez-les dans la cocotte avec les raisins secs. Prolongez la cuisson de 20 min. Servez accompagné de frites maison (recette p. 14) ou de pommes vapeur.

STAUB
STAUB

FACILE

Pour **4** personnes
15 min de préparation
30 min de cuisson
Coût €

SOUPE À LA BIÈRE

La soupe à la bière est une spécialité du Nord, mais elle est également consommée en Alsace, en Allemagne ou en Belgique. À la différence de celle cuisinée dans les autres régions, chez les Ch'tis, la soupe à la bière se prépare sans viande.

2 oignons • 80 g de beurre • 70 g de farine • 1,5 l de bière blonde • 1 cuil. à soupe de cassonade • 1 pointe de cannelle • 10 cl de crème fraîche épaisse • 4 tranches de pain grillé • Sel, poivre

Matériel
Cocotte • Fouet

1. Épluchez et émincez finement les oignons. Dans une cocotte, faites fondre le beurre et faites revenir les oignons à feu doux pendant 10 min.

2. Saupoudrez de farine et mélangez pour préparer un roux blanc. Versez ensuite la bière en remuant sans cesse à l'aide d'un fouet.

3. Portez à ébullition, ajoutez la cassonade et la cannelle. Salez, poivrez et faites cuire à feu doux pendant 2 min, en remuant de temps en temps.

4. Ajoutez la crème fraîche et servez la soupe immédiatement, accompagnée d'une tranche de pain grillé.

CONSEIL
Ajoutez quelques dés de mimolette dans la soupe juste avant de servir.

FACILE

Pour **4** personnes
15 min de préparation
15 min de cuisson
Coût €

WELSH

Le welsh, aussi appelé welsh rabbit ou welsh rarebit, était à l'origine une façon de désigner ce plat comme un substitut à la viande de lapin. C'est aujourd'hui le mets incontournable des brasseries du Nord-Pas-de-Calais. À base de cheddar fondu et de bière, il est traditionnellement servi sur une tranche de pain grillé.

4 grosses tranches de pain de campagne (ou de pain de mie) • 4 tranches de jambon • 400 g de cheddar • 25 cl de bière ambrée • 2 cuil. à soupe de moutarde • Sel, poivre

Matériel
4 plats individuels allant au four

1. Préchauffez le four à 180 °C (th. 6). Faites griller les tranches de pain et mettez-les dans 4 petits plats individuels. Disposez 1 tranche de jambon sur chaque tranche de pain.

2. Coupez le cheddar en dés. Faites chauffer la bière avec la moutarde. Salez et poivrez. Ajoutez le cheddar et mélangez jusqu'à ce que le fromage soit entièrement fondu.

3. Répartissez le fromage fondu dans les plats individuels et enfournez pour 10 min de cuisson. Servez bien chaud, accompagné de frites maison (recette p. 14) et/ou d'une salade verte.

CONSEIL
Pour les plus gourmands, vous pouvez ajouter 1 œuf sur le plat sur le dessus de chaque welsh, à la sortie du four.

STAUB
STAUB
STAUB

TARTES, QUICHES & CIE

Depuis toujours, dans le Nord, on aime cuisiner les tartes ! Leur origine remonte le plus souvent au Moyen Âge. À cette époque, elles étaient préparées avec une base de pâte à pain recouverte de garnitures diverses, en fonction de la disponibilité des produits. Aujourd'hui, la plus connue est sans nul doute la tarte au maroilles et son odeur incomparable. Mais que ce soit sous forme de flamiche, de quiche ou de tarte Tatin, il existe d'autres spécialités qui méritent toutes d'être dégustées.

FACILE

Pour **6** personnes
30 min de préparation
50 min de cuisson
10 min de repos
Coût €

CAKE CH'TI

Quand le traditionnel cake aux lardons part en vacances chez les Ch'tis, il revient avec du maroilles et des chicons !

3 chicons • 1 oignon • 20 g de beurre + 1 noix pour le moule • 1 cuil. à soupe de cassonade • 200 g de lardons fumés • 10 cl de bière • 3 œufs • 150 g de farine + 1 cuil. à soupe pour le moule • 50 g de Maïzena • 1 sachet de levure • 10 cl de lait • 50 g d'emmental râpé • 200 g de maroilles • Sel, poivre

Matériel
Moule à cake

1. Enlevez les premières feuilles des chicons, évidez la base de la racine pour retirer l'amertume, puis coupez-les en lamelles. Épluchez et émincez l'oignon.

2. Dans une sauteuse, faites fondre le beurre. Ajoutez l'oignon et les chicons émincés. Faites revenir pendant quelques minutes, jusqu'à ce qu'ils prennent une coloration blonde. Ajoutez la cassonade, les lardons et prolongez la cuisson de 5 min. Arrosez de bière. Salez, poivrez. Retirez du feu et réservez.

3. Préchauffez le four à 180 °C (th. 6). Dans un saladier, mélangez les œufs avec la farine, la Maïzena et la levure. Salez, poivrez. Ajoutez le lait, l'emmental et le maroilles coupés en dés, puis mélangez. Incorporez la préparation aux chicons et aux lardons.

4. Versez la pâte dans un moule à cake beurré et fariné. Enfournez pour 40 min de cuisson. Pour vérifier la cuisson, plantez la pointe d'un couteau dans le cake, elle doit ressortir sèche. Laissez refroidir pendant 10 min avant de démouler. Servez tiède ou froid.

CONSEIL
Le cake ch'ti peut être servi en entrée, accompagné d'une salade de chicons, ou coupé en cubes pour l'apéritif.

FACILE

Pour **4** personnes
30 min de préparation
50 min de cuisson
Coût €

FICELLE PICARDE

Nul besoin de préciser la région d'origine de la ficelle picarde. Ce plat a aujourd'hui largement dépassé les frontières de la Picardie puisqu'il est consommé dans toute la France. Inventée dans les années 1950 à Amiens par un chef du nom de Marc Lefèvre, cette belle crêpe salée est fourrée d'une tranche de jambon mélangée à une duxelles (hachis) de champignons avec une sauce à la crème.

250 g d'échalotes • 300 g de champignons de Paris • 50 g de beurre • 5 cl de vin blanc • 8 crêpes salées (recette p. 18) • 4 tranches de jambon blanc • 25 cl de crème fraîche épaisse • 100 g d'emmental râpé • Sel, poivre

Matériel
Plat à gratin

1. Épluchez et hachez finement les échalotes. Nettoyez les champignons et coupez-les en petits morceaux.

2. Dans une poêle, faites fondre le beurre et faites suer les échalotes pendant 20 min à feu doux. Ajoutez le vin blanc et les champignons. Salez, poivrez et prolongez la cuisson pendant encore 20 min.

3. Préchauffez le four à 210 °C (th. 7). Beurrez un grand plat allant au four. Posez 1/2 tranche de jambon au milieu de chaque crêpe. Ajoutez 1 cuil. à soupe du mélange de champignons et d'échalotes. Roulez les crêpes et posez-les dans le plat.

4. Nappez les ficelles de crème fraîche. Salez et poivrez, puis parsemez d'emmental râpé. Faites gratiner au four pendant 8 à 10 min.

FACILE

Pour **6** personnes
30 min de préparation
1 h de cuisson
Coût €

FLAMICHE AUX POIREAUX

La flamiche tire son nom du mot flamand flamike, *signifiant galette flambée. Au Moyen Âge, il s'agissait d'une sorte de galette de pâte à pain que l'on mangeait chaude, arrosée de beurre fondu. Avec le temps, elle s'est peu à peu transformée en une tourte salée. Dans le Nord, on la garnit de poireaux, légumes produits localement.*

1 kg de poireaux • 40 g de beurre + 1 noix pour le plat • 20 cl de vin blanc • 10 cl de crème fraîche • 1 œuf entier + 1 jaune • 2 pâtes brisées (recette p. 24) • Sel, poivre

Matériel
Plat à tarte • Pinceau de cuisine

1. Nettoyez les poireaux et supprimez un tiers du vert. Émincez-les finement. Faites chauffer le beurre dans une sauteuse. Ajoutez les poireaux émincés et faites revenir pendant quelques minutes. Salez, poivrez et arrosez de vin blanc. Faites cuire pendant 30 min jusqu'à ce que le liquide soit entièrement évaporé. Ajoutez la crème fraîche, l'œuf entier battu et mélangez bien.

2. Préchauffez le four à 210 °C (th. 7). Étalez une pâte brisée dans le plat à tarte beurré. Piquez le fond avec une fourchette et ajoutez l'appareil aux poireaux. Couvrez avec la deuxième pâte brisée et soudez les bords en supprimant l'excès de pâte. Roulez le bord et marquez-le avec une fourchette. Battez le jaune d'œuf avec 1 cuil. à soupe d'eau. À l'aide du pinceau, badigeonnez la surface de la pâte avec ce mélange.

3. Percez un trou au centre de la pâte pour laisser échapper la vapeur. Enfournez pour 30 min de cuisson.

ASTUCE
Vous pouvez décorer le dessus de la flamiche avec des fleurons découpés à l'emporte-pièce dans les chutes de pâte.

FACILE

Pour **8** personnes
20 min de préparation
30 min de repos
30 min de cuisson
Coût €

GOUGÈRES À LA TOME DE CAMBRAI

La tome de Cambrai est l'un des fromages incontournables du Nord. Au lait cru et à pâte pressée, il est entièrement fabriqué à la ferme. Il est ensuite affiné à la bière artisanale en cave où, avec le temps, il va devenir onctueux.

200 g de tome de Cambrai • 100 g de beurre demi-sel • 125 g de farine • 3 œufs • Sel, poivre

Matériel
Râpe • Plaque à pâtisserie • Papier sulfurisé

1. Râpez la tome de Cambrai. Dans une casserole, versez 25 cl d'eau. Ajoutez le beurre et portez à ébullition. Dès que le mélange bout, retirez la casserole du feu et versez-y la farine d'un seul coup. Remuez jusqu'à obtenir une pâte lisse qui se décolle des parois de la casserole.

2. Ajoutez les œufs un à un en mélangeant entre chaque ajout pour que l'œuf s'incorpore bien à la pâte. Ajoutez la tome de Cambrai râpée et mélangez de nouveau. Laissez refroidir pendant 30 min.

3. Préchauffez le four à 180 °C (th. 6). À l'aide de 2 cuillères à café, déposez des petits tas de pâte sur la plaque à pâtisserie recouverte de papier sulfurisé. Enfournez pour 30 min de cuisson. Servez tiède.

VARIANTE
Remplacez la tome de Cambrai par de la mimolette ou du cheddar.

FACILE

Pour **6** personnes
30 min de préparation
1 h de repos
30 min de cuisson
Coût €

TARTE AU MAROILLES

La tarte au maroilles, aussi appelée goyère, est une véritable institution culinaire locale. Elle est préparée avec une base de pâte levée que l'on recouvre largement de maroilles. Rassurez-vous, le goût est moins fort que l'odeur !

1/2 sachet de levure de boulanger déshydratée • 15 cl de lait • 250 g de farine + 1 cuil. à soupe pour le plat • 1 pincée de sel • 1 œuf • 30 g de beurre + 1 noix pour le plat • 4 cuil. à soupe de crème fraîche • 300 g de maroilles • Poivre

Matériel
Torchon • Plat à tarte

1. Dans un bol, délayez la levure avec le lait tiède. Dans un saladier, mélangez la farine et le sel. Creusez un puits et cassez-y l'œuf. Faites fondre le beurre au four à micro-ondes. Ajoutez le beurre fondu et la levure délayée au milieu du puits. Mélangez du bout des doigts en ramenant la farine au centre du saladier, jusqu'à ce que tous les ingrédients soient incorporés. Pétrissez la pâte jusqu'à ce qu'elle soit souple et homogène.

2. Couvrez la pâte d'un torchon humide et laissez-la reposer pendant 1 h dans un endroit tiède. La pâte doit doubler de volume.

3. Préchauffez le four à 180 °C (th. 6). Garnissez un plat à tarte beurré et fariné avec la pâte en la tirant bien avec vos mains. Étalez la crème fraîche sur la pâte. Coupez le maroilles en tranches et disposez-les sur la crème. Poivrez.

4. Enfournez pour 30 min de cuisson, jusqu'à ce que la pâte et le fromage soient légèrement dorés. Servez accompagné d'une salade verte.

CONSEIL
Coupez la tarte en petits morceaux et servez-la en apéritif avec une bière ch'ti.

FACILE

Pour **6** personnes
20 min de préparation
45 min de cuisson
Coût €

MAROILIFLETTE

Quand le maroilles se prend pour un reblochon, cela donne une maroiliflette : un bon plat d'hiver, riche et réconfortant.

1 kg de pommes de terre • 2 oignons • 40 g de beurre • 200 g lardons fumés • 10 cl de crème liquide • 400 g de maroilles • Sel, poivre

Matériel
Couteau économe • Passoire • Plat à gratin

1. Épluchez et lavez les pommes de terre. Mettez-les dans une grande casserole remplie d'eau froide salée. Portez à ébullition et faites cuire pendant 20 min. À la fin de la cuisson, égouttez les pommes de terre.

2. Épluchez et émincez finement les oignons. Faites chauffer le beurre dans une poêle et faites-y revenir les oignons pendant 5 min jusqu'à ce qu'ils soient translucides. Ajoutez les lardons et prolongez la cuisson de quelques minutes.

3. Beurrez le plat à gratin. Coupez les pommes de terre en gros dés et le maroilles en tranches. Mettez la moitié des pommes de terre dans le plat, ajoutez la moitié des oignons et des lardons. Répartissez la moitié du maroilles. Renouvelez l'opération avec les ingrédients restants. Arrosez de crème. Salez légèrement et poivrez.

4. Enfournez pour 15 min de cuisson jusqu'à ce que le fromage soit bien fondu. Dégustez avec une salade verte.

STAUB
STAUB
STAUB
STAUB

FACILE

Pour **6** personnes
20 min de préparation
55 min de cuisson
Coût €

TARTE AUX MOULES

Quand on évoque les moules dans le Nord, on pense forcément aux moules-frites ! Avec cette recette savoureuse de tarte aux moules, vous découvrirez un moyen de les déguster autrement.

1 pâte brisée (recette p. 24) • 400 g de moules décortiquées (fraîches ou surgelées) • 2 gousses d'ail • 1 oignon • 3 échalotes • 1 bouquet de persil • 5 beaux champignons de Paris • 20 g de beurre + 1 noix pour le plat • 10 cl de lait • 20 cl de crème liquide • 4 œufs • 100 g d'emmental râpé • Sel, poivre

Matériel
Plat à tarte • Papier sulfurisé • Lentilles sèche pour la cuisson à blanc

1. Préchauffez le four à 180 °C (th. 6). Étalez la pâte brisée dans un plat à tarte beurré. Pressez la pâte pour qu'elle épouse bien la forme du moule. Posez une feuille de papier sulfurisé sur la pâte et recouvrez de lentilles sèches. Faites cuire la pâte à blanc pendant 15 min. Enlevez les lentilles et la feuille de papier sulfurisé.

2. Épluchez et hachez l'ail, l'oignon et les échalotes. Ciselez le persil. Nettoyez les champignons et coupez-les en lamelles.

3. Faites fondre le beurre dans une poêle et ajoutez les champignons, l'oignon, l'ail, les échalotes et le persil. Faites revenir le tout pendant 10 min. Salez et poivrez.

4. Dans un saladier, mélangez le lait, la crème et les œufs. Salez et poivrez. Garnissez le fond de la tarte avec les moules décortiquées. Ajoutez la poêlée de champignons. Versez l'appareil à quiche et ajoutez l'emmental.

5. Enfournez pour 30 min de cuisson. Dégustez chaud en entrée ou en plat, accompagné d'une salade verte.

FACILE

Pour **6** personnes
20 min de préparation
1 h de cuisson
Coût €

TATIN DE CHICONS AU VIEUX-LILLE

Aussi appelé gris de Lille ou puant de Lille, le vieux-lille est un proche cousin du maroilles. Il se distingue par une odeur (encore) plus puissante que ce dernier. C'était, paraît-il, le fromage préféré des mineurs de fond.

1 kg de chicons • 60 g de beurre • 2 cuil. à soupe de cassonade • 150 g de vieux-lille • 1 pâte brisée (recette p. 24) • Sel, poivre

Matériel
Moule à manqué

1. Enlevez les premières feuilles des chicons, évidez la base de la racine pour retirer l'amertume, puis coupez-les en quatre dans le sens de la longueur. Faites fondre la moitié du beurre dans une sauteuse et faites revenir les chicons à feu moyen pendant 20 à 30 min. Ils doivent prendre une belle coloration blonde. Salez légèrement et poivrez.

2. Préchauffez le four à 180 °C (th. 6). Saupoudrez le fond du moule à manqué de cassonade. Coupez le reste du beurre en petits morceaux et répartissez-le sur le fond du moule. Disposez les quartiers de chicons en rosace par-dessus en plaçant les cœurs au centre.

3. Coupez le vieux-lille en petits morceaux et répartissez-le sur les chicons. Recouvrez avec la pâte brisée en prenant soin de replier les bords vers l'intérieur. Enfournez pour 30 à 40 min de cuisson.

4. À la sortie du four, attendez 5 min avant de démouler la tatin sur un plat de service.

VARIANTE
Remplacez le vieux-lille par du maroilles.

staub

VIANDES

Si le lapin est l'un des plats traditionnels les plus cuisinés chez les Ch'tis, nombreuses sont les spécialités culinaires préparées à base de viande. En effet, difficile de ne pas évoquer le délicieux potjevleesch et sa gelée fondante, ou la fameuse fricadelle d'el baraque à frites ! *Les Ch'tis sont également de grands amateurs de charcuteries, qu'elles soient à base de porc ou de veau.*

FACILE

Pour **4** personnes
30 min de préparation
3 h **20** de cuisson
Coût €€

ANDOUILLE DE CAMBRAI AUX POIREAUX

Fleuron de la gastronomie du Cambrésis, l'andouille de Cambrai se compose de chaudins de porc, de sel, de poivre et de sauge. Sa fabrication nécessite un véritable savoir-faire que des générations de charcutiers se sont transmis jusqu'à nos jours. Depuis 1986, une confrérie de l'andouille de Cambrai veille sur la renommée et la promotion de ce produit.

1 andouille de Cambrai • 10 poireaux • 2 échalotes • 2 cuil. à soupe de moutarde • 10 cl de vinaigre • 20 cl d'huile d'olive • Sel, poivre

Matériel
Ficelle alimentaire • Passoire • Fouet

1. Mettez l'andouille dans une grande casserole et couvrez-la d'eau froide. Portez à ébullition, puis faites cuire pendant 3 h à petits frémissements.

2. Épluchez et lavez les poireaux. Supprimez un tiers du vert et fendez-les en deux dans la longueur. Attachez-les en bottillons. Portez à ébullition un grand volume d'eau salée. Faites-y cuire les poireaux pendant 20 min, puis égouttez-les.

3. Préparez la vinaigrette : épluchez et hachez les échalotes. Mélangez la moutarde avec le vinaigre, salez et poivrez. Versez l'huile en filet tout en fouettant pour émulsionner l'ensemble. Ajoutez les échalotes hachées et mélangez.

4. Égouttez l'andouille et coupez-la en rondelles. Disposez les poireaux autour et servez chaud avec la vinaigrette.

FACILE

Pour **4** personnes
30 min de repos
10 min de préparation
10 min de cuisson
Coût €€

BŒUF SAUCE AU MAROILLES

Un pavé de bœuf accompagné de frites : un grand classique des brasseries, direz-vous ! Mais si la viande est nappée d'une sauce relevée au maroilles, c'est un aller simple vers le Nord et ses saveurs puissantes.

4 pavés de bœuf • 20 g de beurre • 5 cl de vin blanc • 100 g de maroilles • 15 cl de crème fraîche épaisse • Sel, poivre

Matériel
Papier d'aluminium

1. Placez les pavés de bœuf à température ambiante 30 min avant la cuisson. Dans une poêle bien chaude, faites fondre le beurre. Poêlez les pavés de bœuf à feu vif pendant 2 à 3 min sur chaque face, selon la cuisson souhaitée. Salez et poivrez. Retirez la viande de la poêle et réservez-la au chaud en la recouvrant de papier d'aluminium.

2. Déglacez la poêle avec le vin blanc. Ajoutez le maroilles coupé en morceaux et faites fondre à feu doux. Ajoutez la crème fraîche et mélangez jusqu'à obtenir une sauce onctueuse.

3. Servez les pavés de bœuf nappés de sauce au maroilles avec des frites maison (recette p. 14).

VARIANTE
Vous pouvez préparer ce plat avec des blancs de poulet ou des côtes de porc.

FACILE

Pour **4** personnes
30 min de préparation
1 h de cuisson
Coût €

FILET MIGNON DE PORC AUX SPÉCULOOS ET À LA RHUBARBE

De la rhubarbe, des spéculoos et de la bière : aucun doute, nous sommes bien au pays des Ch'tis ! À travers un subtil équilibre entre l'acidité, l'amertume et la douceur, vous découvrirez une nouvelle façon de cuisiner le porc.

30 g de beurre • 1 cuil. à soupe d'huile d'olive • 600 g de filet mignon de porc • 2 oignons • 500 g de rhubarbe • 40 g de vergeoise • 10 spéculoos (recette p. 22) • 20 cl de bière • Sel, poivre

Matériel
Cocotte

1. Dans une cocotte, faites fondre le beurre avec l'huile. Faites dorer le filet mignon de tous les côtés. Retirez de la cocotte et réservez.

2. Épluchez et émincez les oignons. Épluchez la rhubarbe et coupez-la en petits tronçons. Dans la même cocotte, faites revenir les oignons pendant quelques minutes, jusqu'à ce qu'ils prennent une coloration blonde. Ajoutez la rhubarbe, la vergeoise et prolongez la cuisson de quelques minutes.

3. Émiettez les spéculoos dans la cocotte et remettez-y la viande. Versez la bière, salez, poivrez et mélangez. Faites cuire à feu doux et à couvert pendant 45 min.

4. Servez le filet mignon tranché avec 1 cuil. de compote de rhubarbe et des pommes vapeur.

VARIANTE
Remplacez le filet mignon de porc par un rôti de porc.

UN PEU DIFFICILE

Pour **6** personnes
30 min de préparation
5 min de cuisson
Coût €€

FRICADELLE

La fricadelle, aussi appelée fricandelle, est la saucisse du ch'Nord *! Désormais bien connue grâce à quelques scènes cultes de films, elle a souffert pendant longtemps d'un déficit de notoriété. Fabriquée à partir de déchets de viande, on la trouve dans toutes les bonnes baraques à frites et friteries du Nord.*

500 g de viande (restes de diverses viandes cuites ou crues) • 1 oignon • 3 gousses d'ail • 250 g de mie de pain rassis • 50 cl de bière • 2 branches de persil plat • 3 œufs • Un peu de farine • Un peu de chapelure fine • Huile de friture • Sel, poivre

Matériel
Mixeur • Friteuse • Écumoire • Papier absorbant

1. Hachez la viande. Épluchez et hachez l'oignon et l'ail. Trempez la mie de pain rassis dans la bière. Essorez-la et mettez-la dans un saladier avec la viande, l'oignon et l'ail. Ajoutez le persil plat ciselé et 1 œuf battu. Salez et poivrez. Mélangez bien le tout. Formez 18 boules de même taille, puis roulez-les pour les transformer en boudins.

2. Dans une assiette creuse, versez de la farine. Dans une deuxième assiette creuse, battez les 2 œufs restants et dans une troisième, mettez de la chapelure fine avec du sel et du poivre. Roulez les boudins de viande dans la farine, puis dans l'œuf et enfin, dans la chapelure fine.

3. Faites chauffer l'huile de friture à 180 °C. Faites cuire les fricadelles pendant 4 à 5 min. Sortez-les de l'huile à l'aide de l'écumoire et posez-les sur du papier absorbant. Servez immédiatement accompagné de frites maison (recette p. 14).

FACILE

Pour **6** personnes
30 min de préparation
1 h **45** de cuisson
Coût €€

LAPIN AUX PRUNEAUX

Plat de fête, le lapin aux pruneaux est un grand classique de la cuisine du Nord. Chaque famille conserve jalousement sa propre recette ! La viande tendre du lapin se marie avec le goût sucré des pruneaux, ce qui ravira les amateurs de sucré-salé.

1 lapin de 1,5 kg coupé en morceaux • 3 cuil. à soupe de moutarde • 25 g de saindoux (ou de margarine) • 1 gros oignon • 2 gousses d'ail • 200 g d'allumettes de lardons • 3 cuil. à soupe de farine • 50 cl de vin blanc • 1 bouquet garni • 25 pruneaux dénoyautés • Sel, poivre

Matériel
Cocotte

1. Badigeonnez les morceaux de lapin avec la moutarde. Dans une cocotte, faites fondre le saindoux. Faites dorer les morceaux de lapin sur toutes les faces. Retirez la viande et réservez.

2. Épluchez et émincez l'oignon. Épluchez et écrasez les gousses d'ail. Faites blondir l'oignon dans la cocotte ayant servi à faire revenir le lapin. Ajoutez l'ail, les lardons et prolongez la cuisson de quelques minutes. Replacez le lapin dans la cocotte, saupoudrez de farine et mélangez.

3. Arrosez de vin blanc de manière à couvrir la viande. Si besoin, complétez avec de l'eau. Salez et poivrez. Ajoutez le bouquet garni et les pruneaux.

4. Faites cuire à feu doux pendant 1 h 30. Servez accompagné de pâtes fraîches ou de pommes vapeur.

CONSEIL
N'hésitez pas à préparer ce plat la veille et à le réchauffer à feu très doux, il sera encore meilleur.

STAUB

DIFFICILE

Pour **6** personnes
40 min de préparation
24 h + **12** h de repos
3 h de cuisson
Coût €€€

POTJEVLEESCH

Le potjevleesch, littéralement « petit pot de viandes », est le roi des fêtes flamandes. Composé de morceaux de 3 ou 4 viandes froides prises dans de la gelée, son origine remonte au Moyen Âge. Il est traditionnellement servi avec des frites bien chaudes que l'on dépose sur la terrine, ces dernières faisant alors fondre la gelée.

200 g de chair de lapin • 200 g de blancs de poulet • 200 g de jarret de veau • 200 g d'échine de porc désossée • 4 gousses d'ail • 1 branche de céleri • 75 cl de bière • 2 cuil. à café de baies de genièvre • 3 branches de thym • 3 feuilles de laurier • 2 carottes • 3 feuilles de gélatine • Sel, poivre

Matériel
Couteau économe • Écumoire • Plat à terrine

1. Coupez les viandes en morceaux. Épluchez les gousses d'ail. Coupez-les en deux, enlevez le germe, puis émincez-les. Coupez le céleri en petits morceaux.

2. Dans un grand saladier, mélangez la bière avec l'ail, le céleri, les baies de genièvre, le thym et le laurier. Salez et poivrez. Ajoutez les morceaux de viande et mélangez. Couvrez et laissez mariner au frais pendant 24 h.

3. Préchauffez le four à 150 °C (th. 5). Épluchez les carottes et coupez-les en rondelles. Faites ramollir les feuilles de gélatine dans de l'eau froide.

4. Égouttez la viande et réservez la marinade. Dans le plat à terrine de taille moyenne, disposez les morceaux de viande en 3 couches en les séparant par 1 feuille de gélatine. Terminez par 1 feuille de gélatine. Couvrez de marinade et répartissez les rondelles de carottes sur le dessus.

5. Mettez le couvercle du plat à terrine et enfournez pour 3 h de cuisson. Laissez refroidir, puis placez au frais pendant 12 h. Coupez en tranches épaisses et servez accompagné de frites maison bien chaudes (recette p. 14).

FACILE

Pour **6** personnes
12 h de trempage
20 min de préparation
1 h de cuisson
Coût €

RASSACACHE AUX LINGOTS DU NORD

Plat typique des anciens mineurs du Nord, la rassacache est un plat d'hiver qui tient bien au corps. C'est, comme qui dirait, le cassoulet du Nord. Deux choses sont essentielles à sa réussite : une recette transmise par une grand-mère et de véritables lingots du Nord.

400 g de haricots lingots • 3 carottes • 4 navets • 2 poireaux • 1 branche de céleri • 12 choux de Bruxelles • 2 oignons • 2 clous de girofle • 2 gousses d'ail • 600 g de poitrine de porc • 1 bouquet garni • 4 pommes de terre • Sel, poivre

Matériel
Couteau économe • Cocotte

1. La veille : mettez les haricots lingots à tremper dans de l'eau froide.

2. Épluchez les carottes et les navets, puis coupez-les en petits cubes. Lavez les poireaux et la branche de céleri, puis émincez-les. Lavez les choux de Bruxelles et coupez-les en quartiers. Épluchez les oignons et plantez dans chacun 1 clou de girofle. Épluchez les gousses d'ail et hachez-les. Détaillez la poitrine en gros lardons.

3. Dans une cocotte, mettez tous les légumes (y compris les haricots lingots) sauf les pommes de terre. Ajoutez le bouquet garni, les oignons, l'ail et la poitrine de porc. Couvrez d'eau froide. Salez, poivrez et faites cuire à feu moyen pendant 45 min.

4. Lavez et épluchez les pommes de terre et coupez-les en gros cubes. Mettez-les dans la cocotte et prolongez la cuisson de 15 min. Servez dans des assiettes creuses.

VARIANTE
Vous pouvez aussi écraser les légumes à la fourchette avec une noisette de beurre et servir cette purée avec les lardons et une touche de moutarde.

STAUB

FACILE

Pour **6** personnes
30 min de préparation
1 h **15** de cuisson
Coût €€

WATERZOÏ DE POULET

Waterzoï, quel drôle de nom pour une recette ! Ce mot d'origine flamande vient de water *(eau) et* zooi *qui signifie cuire. C'est une sorte de ragoût de volaille ou de poisson auquel on ajoute de la crème, des légumes du marché, et que l'on sert généralement en soupière.*

6 cuisses de poulet avec les hauts de cuisse • 2 oignons • 2 clous de girofle • 2 poireaux • 3 carottes • 2 navets • 30 g de beurre • 1 bouquet garni • 15 grains de poivre • 1 l de bouillon de volaille • 2 jaunes d'œufs • 15 cl de crème fraîche • Sel

Matériel
Couteau économe • Cocotte • Fouet

1. Séparez les cuisses des hauts de cuisses. Pelez les oignons et plantez 1 clou de girofle dans chacun. Épluchez le reste des légumes et coupez-les en julienne.

2. Dans une cocotte, faites fondre le beurre. Faites dorer les morceaux de poulet sur toutes les faces. Ajoutez les légumes, les oignons, le bouquet garni et les grains de poivre. Salez et mouillez avec le bouillon de volaille. Faites cuire pendant 1 h à couvert.

3. Dans un saladier, fouettez les jaunes d'œufs avec la crème fraîche. Ajoutez 1 louche du bouillon de la cocotte et mélangez bien. Versez petit à petit la sauce dans la cocotte. Servez le waterzoï de poulet accompagné de pommes vapeur ou de riz.

Laurus

LÉGUMES & ACCOMPAGNEMENTS

Le Nord-Pas-de-Calais et la Picardie sont de grandes régions agricoles, avec la pomme de terre et les légumes comme productions phares. Le chicon tient une place très importante puisque le département du Nord-Pas-de-Calais est le premier producteur d'endives, fournissant 50 % de la production mondiale. Il n'est donc pas étonnant que le chicon et, de manière générale, les légumes, soient si présents dans la cuisine ch'ti.

FACILE

Pour **4** personnes
30 min de préparation
35 min de cuisson
Coût €

ASPERGES À LA FLAMANDE

De nombreux maraîchers nordistes produisent des asperges. Raimbeaucourt est d'ailleurs considérée comme la capitale régionale de la culture de l'asperge. Chaque année, elle fête ce légume à l'occasion de la foire de l'asperge. Avec cette recette empruntée à leurs voisins belges, les Ch'tis mettent à l'honneur une production locale.

4 œufs • 1,5 kg d'asperges blanches • 1 petite botte de persil plat • 150 g de beurre • Le jus de 1 citron • Sel, poivre

Matériel

Couteau économe • Fouet

1. Faites cuire les œufs dans une casserole d'eau pendant 10 min à partir de l'ébullition. Épluchez les asperges à l'aide du couteau économe et attachez-les en bottes. Mettez les bottes dans une casserole d'eau froide avec un peu de sel, portez à ébullition et faites cuire pendant 15 à 20 min, selon la grosseur des asperges.

2. Préparez la sauce flamande. Hachez finement le persil. Écalez et écrasez grossièrement les œufs durs à l'aide d'une fourchette. Faites fondre le beurre avec le citron dans une poêle à feu vif. Mélangez au fouet de manière à le faire mousser. Hors du feu, ajoutez les œufs écrasés et le persil haché. Mélangez, salez et poivrez. Disposez les asperges dans un plat et nappez de sauce flamande.

FACILE

Pour **4** personnes
25 min de préparation
40 à **55** min de cuisson
Coût €

CHICONS AU JAMBON

Dans le ch'Nord, l'endive s'appelle le chicon et elle se déguste habillée de jambon. Ce gratin évoque souvent un parfum d'enfance et de bon petit plat préparé par sa maman.

8 chicons • 40 g de beurre + 1 noix pour le plat • 40 g de farine + 1 cuil. à soupe pour le plat • 60 cl de lait • 100 g d'emmental râpé • 1 pincée de noix de muscade • 8 tranches de jambon cuit à l'os • Sel, poivre

Matériel
Cocotte-minute • Fouet • Plat à gratin

1. Enlevez les premières feuilles des chicons et évidez la base de la racine pour retirer l'amertume. Faites-les cuire entiers pendant 15 min dans la cocotte-minute (ou 30 min dans de l'eau bouillante salée). Préchauffez le four à 210 °C (th. 7).

2. Préparez une béchamel. Dans une casserole, faites fondre le beurre. Ajoutez la farine et mélangez au fouet. Lorsque la préparation est lisse, retirez du feu. Versez peu à peu le lait chaud tout en continuant de mélanger au fouet. Remettez la béchamel sur feu doux pour la faire épaissir. Incorporez la moitié de l'emmental et la noix de muscade. Salez et poivrez.

3. Égouttez bien les chicons en les pressant entre vos mains. Enroulez chacun d'eux dans 1 tranche de jambon et déposez-les dans le plat à gratin beurré et fariné.

4. Nappez de béchamel et répartissez l'emmental restant sur le dessus. Enfournez pour 20 min de cuisson. Le fromage doit être gratiné sur le dessus.

VARIANTE
Parfumez la béchamel avec des épices (curry, cumin) ou de la moutarde.

FACILE

Pour **4** personnes
20 min de préparation
1 h de cuisson
Coût €

CHOU ROUGE À LA FLAMANDE

Amateurs de sucré-salé, vous ne résisterez pas à cette recette de chou rouge mijoté aux pommes, haute en couleurs et en saveurs.

3 oignons • 1 chou rouge • 50 g de beurre • 2 cuil. à soupe de vergeoise brune • 1 pincée de cannelle • 5 cl de vinaigre de vin rouge • 3 pommes • Sel, poivre

Matériel
Cocotte • Couteau économe

1. Pelez et émincez les oignons. Émincez finement le chou rouge. Faites chauffer le beurre dans une cocotte et faites revenir les oignons pendant quelques minutes jusqu'à ce qu'ils prennent une coloration blonde. Ajoutez la vergeoise, la cannelle et prolongez la cuisson de quelques minutes.

2. Mouillez avec le vinaigre et ajoutez le chou rouge. Salez et poivrez. Faites cuire à couvert et à feu très doux pendant 30 min. Si le chou attache, ajoutez un peu d'eau.

3. Épluchez les pommes et coupez-les en gros dés. Ajoutez-les dans la cocotte et prolongez la cuisson de 20 min en veillant à ce que le chou n'attache pas. Servez le chou en accompagnement de viandes braisées ou de gibiers.

CONSEIL
Pour composer un plat complet, faites revenir 200 g de lardons avec les oignons.

FACILE

Pour **4** personnes
20 min de préparation
45 min de cuisson
Coût €

COCOTTE DE RATTES DU TOUQUET AUX CHAMPIGNONS

Cultivée exclusivement dans le nord de la France, la ratte du Touquet est l'une des variétés les plus anciennes de pommes de terre encore produites de nos jours. Elle doit son nom à sa forme, semblable à celle d'une souris. Avec son petit goût de châtaigne, elle est particulièrement appréciée des gastronomes.

1 kg de rattes du Touquet • 1 oignon • 2 gousses d'ail • 400 g de champignons de Paris • 30 g de saindoux • 2 branches de thym • 2 cuil. à café de fleur de sel • Poivre

Matériel
Passoire • Cocotte en fonte

1. Lavez les pommes de terre et frottez-les sans les éplucher. Placez-les dans une casserole d'eau salée. Portez à ébullition et faites cuire pendant 10 min. Égouttez les pommes de terre et réservez-les.

2. Préchauffez le four à 180 °C (th. 6). Pelez et émincez l'oignon. Épluchez et hachez l'ail. Nettoyez les champignons, coupez-les en lamelles.

3. Faites fondre le saindoux dans la cocotte en fonte et faites revenir l'oignon, les champignons et l'ail pendant quelques minutes. Hors du feu, ajoutez les rattes du Touquet, le thym et la fleur de sel. Poivrez et mélangez.

4. Enfournez pour 15 min de cuisson. Mélangez et prolongez la cuisson pendant encore 15 min. Servez en accompagnement d'une viande rouge.

FACILE

Pour **6** personnes
12 h de trempage
20 min de préparation
1 h **10** de cuisson
Coût €

GRATIN DE LINGOTS DU NORD

Le lingot du Nord est un haricot sec produit dans la vallée de Lys. De couleur blanche et de forme cylindrique, il se caractérise par une texture fondante et non farineuse. Il trouve traditionnellement sa place dans les ragoûts et cassoulets (ou rassacaches dans le Nord, voir recette p. 82), mais il peut aussi être cuisiné de façon plus originale comme ici, sous forme de gratin.

800 g de lingots du Nord • 2 oignons • 1 bouquet garni • 1 clou de girofle • 1 cube de bouillon de volaille • 3 gousses d'ail • 100 g de lardons • 2 cuil. à soupe de concentré de tomates • 2 cuil. à soupe de crème fraîche • 100 g d'emmental râpé • Sel, poivre

Matériel
Cocotte • Plat à gratin (ou 6 mini-cocottes)

1. La veille, mettez les haricots lingots à tremper dans de l'eau froide.

2. Pelez 1 oignon. Mettez les haricots dans une cocotte remplie d'eau. Ajoutez le bouquet garni, l'oignon piqué avec le clou de girofle et le cube de bouillon de volaille. Portez à ébullition et faites cuire à couvert pendant 50 min. Égouttez et réservez.

3. Préchauffez le four à 210 °C (th. 7). Pelez et émincez le deuxième oignon. Épluchez et hachez l'ail. Dans une poêle, faites revenir les lardons avec l'oignon pendant quelques minutes. Ajoutez l'ail, le concentré de tomates et les lingots du Nord, puis mélangez. Salez, poivrez et prolongez la cuisson pendant encore 5 min. Hors du feu, incorporez la crème fraîche.

4. Versez la préparation dans le plat à gratin, ou dans les mini-cocottes. Parsemez d'emmental râpé et placez sous le gril du four pendant 5 à 10 min, jusqu'à ce que le fromage ait gratiné.

VARIANTE
Pour une version encore plus gourmande, remplacez l'emmental râpé par du maroilles coupé en petits morceaux.

STAUB
STAUB
STAUB

FACILE

Pour **4** personnes
15 min de préparation
Coût €

SALADE DE CHICONS

L'endive, ou chicon, est l'une des productions emblématiques du Nord-Pas-de-Calais, il est donc tout naturel qu'elle soit très présente dans la cuisine ch'ti. Elle est ici accompagnée de mimolette, un autre fromage du ch'Nord, pour une salade pleine de surprises !

6 chicons • 50 g de cerneaux de noix • 100 g de mimolette • 2 pommes Golden • 4 cuil. à soupe d'huile de noix • 1 cuil. soupe de vinaigre de noix • Sel, poivre

1. Enlevez les premières feuilles des chicons et évidez la base de la racine pour retirer l'amertume. Coupez-les en petits tronçons et placez-les dans un saladier.

2. Hachez grossièrement les noix. Coupez la mimolette et les pommes en dés. Ajoutez les noix, la mimolette et les pommes dans le saladier.

3. Préparez la vinaigrette : dans un bol, mélangez l'huile et le vinaigre. Salez et poivrez. Arrosez la salade avec la vinaigrette, mélangez et servez immédiatement.

CONSEIL

N'hésitez pas à tester d'autres assaisonnements : huile d'olive, huile de noisette, vinaigre de framboise…

FACILE

Pour **4** personnes
20 min de préparation
40 min de cuisson
Coût €

SOUPE À L'AIL D'ARLEUX

La ville d'Arleux a fait de la culture de l'ail sa spécialité. L'ail d'Arleux a la particularité d'être fumé, ce qui lui confère une meilleure conservation et une couleur rousse plus décorative. La soupe à l'ail d'Arleux est servie traditionnellement lors de la foire d'Arleux qui se déroule chaque année le premier week-end de septembre.

500 g de pommes de terre • 3 carottes • 100 g d'ail fumé d'Arleux épluché • 2 cuil. à soupe d'huile d'olive • 1 cube de bouillon de volaille • 1 bouquet garni • 10 cl de crème fraîche • Sel, poivre

Matériel
Couteau économe • Cocotte • Mixeur

1. Épluchez les pommes de terre et les carottes. Coupez les pommes de terre en deux et les carottes en rondelles. Émincez l'ail. Faites chauffer l'huile d'olive dans une grande cocotte. Ajoutez l'ail et les légumes. Salez, poivrez et faites revenir pendant quelques minutes.

2. Couvrez d'eau et ajoutez le cube de bouillon de volaille et le bouquet garni. Faites cuire à feu doux pendant 30 min. Retirez le bouquet garni, puis mixez la soupe.

3. Incorporez la crème fraîche et rectifiez l'assaisonnement. Replacez sur le feu pendant quelques minutes, puis servez accompagné de tranches de pain de campagne grillées et beurrées.

CRÈME FRAÎCHE

FACILE

Pour **4** personnes
20 min de préparation
30 min de cuisson
Coût €

VELOUTÉ DE CHICONS

Rien de tel qu'une bonne soupe pour se réchauffer au coin du feu ou commencer un repas tout en douceur. Avec une petite touche de miel pour supprimer l'amertume des chicons, quelques noisettes écrasées pour le croquant et un peu de chèvre pour la gourmandise, ce velouté est un véritable plat de fête !

2 oignons • 4 chicons • 30 g de margarine • 1 cuil. à soupe de miel liquide • 2 grosses pommes de terre • 1 cube de bouillon de volaille • 100 g de lardons • 15 noisettes • 100 g de bûche de chèvre • 4 cuil. à soupe de crème fraîche • Sel, poivre

Matériel
Cocotte • Couteau économe • Pilon • Mixeur

1. Épluchez et émincez les oignons. Enlevez les premières feuilles des chicons, évidez la base de la racine pour retirer l'amertume, puis coupez-les en lamelles.

2. Faites chauffer la margarine dans la cocotte et faites-y revenir les oignons jusqu'à ce qu'ils prennent une coloration blonde. Ajoutez les chicons et le miel. Laissez mijoter quelques minutes.

3. Pendant ce temps, épluchez les pommes de terre et coupez-les en petits morceaux. Mettez-les dans la cocotte ainsi que le cube de bouillon de volaille. Versez 40 cl d'eau et faites cuire pendant 20 min à couvert et à feu doux.

4. Faites griller les lardons dans une poêle. Écrasez les noisettes à l'aide d'un pilon. Lorsque les légumes sont cuits, ajoutez la bûche de chèvre coupée en petits morceaux et la crème fraîche. Mixez le tout jusqu'à obtenir une texture de velouté. Goûtez et rectifiez l'assaisonnement.

5. Servez le velouté dans des assiettes creuses. Déposez, dans chaque assiette, 1 cuil. à soupe de lardons et saupoudrez de noisettes concassées.

VARIANTE
Remplacez les noisettes par des noix et les lardons par des allumettes de bacon.

POISSONS, CRUSTACÉS & COQUILLAGES

Réputés pour leur qualité, les produits de la mer sont très présents dans la cuisine ch'ti. Si les moules sont bien connues et incontournables – d'autant plus si vous faites un tour à la braderie de Lille –, des produits comme le hareng ou la crevette grise sont de véritables spécialités dans certaines villes du Nord. Avec des recettes savoureuses et pleines de générosité, partez à la découverte des richesses pêchées le long de la Côte d'Opale.

FACILE

Pour **6** personnes
20 min de préparation
40 min de cuisson
Coût €€€

CARBONNADE AU SAUMON

Prenons quelques libertés avec la véritable carbonnade flamande pour découvrir cette version au saumon, étonnante et tout aussi savoureuse !

1 oignon • 1 échalote • 300 g de champignons de Paris • 6 pavés de saumon • 3 cuil. à soupe de farine • 2 cuil. à soupe d'huile d'olive • 2 cuil. à soupe de vergeoise • 1 bouquet garni • 50 cl de bière ambrée • Sel, poivre

Matériel
Cocotte

1. Épluchez et émincez finement l'oignon et l'échalote. Nettoyez les champignons, coupez-les en lamelles.

2. Enlevez la peau des pavés de saumon et farinez-les. Dans une cocotte, faites chauffer l'huile d'olive et faites revenir les pavés pendant 2 min sur chaque face. Retirez-les de la cocotte et réservez-les.

3. Dans la même cocotte, faites revenir l'oignon, l'échalote et les champignons pendant quelques minutes. Remettez le saumon dans la cocotte, puis ajoutez la vergeoise et le bouquet garni. Salez et poivrez.

4. Arrosez de bière et faites cuire à feu doux et à couvert pendant 30 min. Servez accompagné de riz ou de pâtes fraîches.

VARIANTE
Vous pouvez préparer ce plat avec du cabillaud ou du lieu noir.

FACILE

Pour **6** personnes
40 min de préparation
45 min de cuisson
Coût €€€

CAUDIÈRE À LA BOULONNAISE

La caudière, ou caudrée, était à l'origine la soupe des pêcheurs du littoral boulonnais. À l'époque, ils la confectionnaient sur leur bateau avec les poissons les moins nobles, réservant les plus chers pour la vente à la criée.

6 oignons • 2 blancs de poireaux • 2 carottes • 1 kg de pommes de terre à chair ferme • 2 gousses d'ail • 1 maquereau d'environ 400 g • 1 merlan d'environ 500 g • 800 g de tranches de cabillaud • 50 g de beurre • 1 bouquet garni • 1 l de vin blanc sec • 250 g de moules décortiquées • 1 petit bouquet de persil plat • Sel, poivre

Matériel
Presse-ail • Cocotte

1. Épluchez tous les légumes. Émincez finement les oignons et les blancs de poireaux. Coupez les carottes et les pommes de terre en petits morceaux. Écrasez l'ail.

2. Écaillez, videz, lavez et séchez les poissons. Ôtez les arêtes. Coupez le maquereau et le merlan en gros morceaux.

3. Dans une grande cocotte, faites fondre le beurre et faites revenir les oignons et les poireaux pendant 5 min. Ajoutez les carottes, les pommes de terre, l'ail et le bouquet garni. Mélangez et prolongez la cuisson de 5 min. Mouillez avec le vin blanc et 1 l d'eau, salez et poivrez. Portez à ébullition et faites cuire pendant 20 min.

4. Ajoutez les tranches de cabillaud, les morceaux de maquereau, de merlan et les moules. Prolongez la cuisson de 15 min à partir de l'ébullition.

5. Dressez les morceaux de poissons dans un plat creux et disposez les légumes autour. Arrosez avec du bouillon et saupoudrez de persil plat haché.

CONSEIL
Si vous souhaitez que le bouillon soit plus épais, vous pouvez ajouter 1 jaune d'œuf battu avec 15 cl de crème dans ce dernier, juste avant de servir.

DIFFICILE

Pour **4** personnes
30 min de préparation
20 min de cuisson
Coût €€€

COCOTTES DE SAINT-JACQUES

D'une saveur subtile et raffinée, la coquille Saint-Jacques est l'un des fleurons de la gastronomie française. Celles de la Côte d'Opale sont, paraît-il, très réputée et savoureuses. Avec ces petites cocottes, c'est l'occasion de le vérifier !

3 échalotes • 60 g de beurre • 40 g de farine • 10 cl de vin blanc • 50 cl de lait • 1 cuil. à soupe de moutarde à l'ancienne • 2 cuil. à soupe d'estragon ciselé • 12 noix de saint-jacques • 12 crevettes décortiquées • 2 cuil. à soupe de chapelure • Sel, poivre

Matériel
Fouet • 4 mini-cocottes

1. Pelez et hachez les échalotes. Dans une casserole, faites fondre 40 g de beurre. Ajoutez les échalotes et faites revenir à feu doux jusqu'à ce qu'elles soient fondantes.

2. Saupoudrez de farine et mélangez. Versez petit à petit le vin blanc, puis le lait, tout en mélangeant au fouet. Salez, poivrez et faites cuire à feu moyen sans cesser de remuer jusqu'à ce que la béchamel épaississe. Incorporez la moutarde à l'ancienne et l'estragon ciselé.

3. Préchauffez le four à 200 °C (th. 6-7). Dans une poêle, faites chauffer le beurre restant. Faites griller les noix de saint-jacques à feu vif pendant 1 min sur chaque face. Salez, poivrez.

4. Répartissez les noix de saint-jacques dans les cocottes. Recouvrez de béchamel. Disposez 3 crevettes sur le dessus et saupoudrez de chapelure. Enfournez pour 10 min de cuisson. Servez immédiatement.

VARIANTE
Pour une version plus orientale, remplacez la moutarde par du curry, ou du cumin, et l'estragon par de la coriandre fraîche.

STAUB
STAUB
STAUB
STAUB

DIFFICILE

Pour **4** personnes
30 min de préparation
1 h + **2** h de repos
20 min de cuisson
Coût €€

CROQUETTES DE CREVETTES GRISES

Jadis, la crevette grise constituait une activité complémentaire pour les paysans de la Flandre maritime qui la pêchaient à marée basse, à pied ou à cheval. Chez les Ch'tis, elle est préparée en croquettes, comme en Belgique !

1 cuil. à café de fumet de poisson • 25 cl de lait • 25 cl de vin blanc • 1 bouquet garni • 50 g de beurre • 100 g de farine • 50 g d'emmental râpé • 1 œuf entier + 1 jaune • 300 g de crevettes grises cuites décortiquées • 2 cuil. à soupe de persil haché • Un peu de farine • Chapelure fine • Huile de friture • Sel, poivre

Matériel
Passoire fine • Fouet • Friteuse • Écumoire • Papier absorbant

1. Dans une casserole, délayez le fumet de poisson avec le lait. Ajoutez le vin blanc et le bouquet garni. Portez à ébullition puis faites cuire à feu doux pendant 10 min. Filtrez le bouillon et laissez refroidir pendant 1 h.

2. Faites fondre le beurre dans une casserole. Saupoudrez de farine et mélangez. Versez le bouillon petit à petit, tout en mélangeant au fouet. Salez, poivrez et faites cuire à feu moyen sans cesser de remuer jusqu'à ce que la béchamel épaississe.

3. Ôtez la casserole du feu. Ajoutez l'emmental, 1 jaune d'œuf, les crevettes et le persil. Mélangez. Versez la pâte dans un saladier, laissez refroidir puis placez au frais pendant au moins 2 h.

4. Dans une assiette creuse, versez de la farine. Dans une deuxième assiette creuse, battez l'œuf restant et dans une troisième assiette creuse, versez de la chapelure fine. Avec la pâte refroidie, façonnez des croquettes allongées et roulez-les dans la farine, puis dans l'œuf et enfin dans la chapelure fine.

5. Faites chauffer l'huile à 180 °C et plongez-y les croquettes pendant 5 à 6 min en les retournant à mi-cuisson. Sortez-les de l'huile à l'aide de l'écumoire et posez-les sur du papier absorbant. Servez ces croquettes immédiatement, accompagnées d'une salade verte.

FACILE

Pour **4** personnes
40 min de préparation
25 min de cuisson
Coût €

MOULES AU MAROILLES

Simple ou élaborée, classique ou originale : il existe une multitude de façons de cuisiner les moules ! Et chez les Ch'tis, impossible de ne pas essayer avec du maroilles, il paraît que c'est bon !

2,5 kg de moules • 2 oignons • 2 gousses d'ail • 30 g de beurre • 100 g de lardons • 25 cl de vin blanc sec • 200 g de maroilles • 20 cl de crème fraîche • Sel, poivre

Matériel
Passoire • Cocotte

1. Grattez soigneusement les moules et lavez-les 2 ou 3 fois. Égouttez et réservez au frais. Éliminez celles qui remontent à la surface, qui sont brisées ou ouvertes.

2. Épluchez et émincez finement les oignons. Épluchez et hachez l'ail. Faites fondre le beurre dans une grande cocotte. Faites-y revenir les oignons, les lardons pendant quelques minutes. Ajoutez l'ail et les moules. Arrosez de vin blanc et poivrez. Couvrez et faites cuire à feu vif pendant 10 à 15 min, en mélangeant de temps en temps. Jetez celles qui ne se sont pas ouvertes au bout des 15 min de cuisson.

3. Dans une casserole, faites fondre le maroilles coupé en petits morceaux dans la crème. Versez-le sur les moules et mélangez. Servez accompagné de frites maison (recette p. 14).

FACILE

Pour **4** personnes
40 min de préparation
20 min de cuisson
Coût €

MOULES MARINIÈRES

L'une des images typiques de la braderie de Lille est sans nul doute celle des tas de coquilles de moules qui jonchent les trottoirs de la ville. Plat traditionnel de la région, les moules-frites sont indissociables de la braderie de Lille et réciproquement. Mais les moules marinières se dégustent toute l'année, toujours accompagnées de frites, bien sûr !

2,5 kg de moules • 5 échalotes • 1/2 botte de persil • 4 gousses d'ail • 40 g de beurre • 30 cl de vin blanc sec • Sel, poivre

Matériel
Passoire • Cocotte

1. Grattez soigneusement les moules et lavez-les 2 ou 3 fois. Égouttez et réservez au frais. Éliminez celles qui remontent à la surface, qui sont brisées ou ouvertes.

2. Épluchez et émincez finement les échalotes. Ciselez le persil. Épluchez et hachez l'ail. Faites fondre le beurre dans une grande cocotte. Ajoutez les échalotes et faites revenir pendant quelques minutes.

3. Ajoutez l'ail, le persil et les moules dans la cocotte. Arrosez de vin blanc et poivrez. Couvrez et faites cuire à feu vif pendant 10 à 15 min en mélangeant de temps en temps. Jetez celles qui ne se sont pas ouvertes au bout des 15 min de cuisson. Servez accompagné de frites maison (recette p. 14).

FACILE
Pour **4** personnes
20 min de préparation
20 min de cuisson
Coût €

SALADE DE HARENGS AUX POMMES DE TERRE

Sur tout le littoral du nord de la France, le hareng est considéré comme une véritable vedette et tout particulièrement dans le Pas-de-Calais où il est appelé le « poisson-roi » depuis le Moyen Âge. Aujourd'hui encore, le hareng est l'unique matière première pour toute une gamme de produits obtenus en combinant les différents procédés de fabrication que sont le salage, le séchage et le fumage.

8 belles pommes de terre • 2 petites betteraves rouges cuites • 2 oignons rouges • 4 filets de hareng fumé • 200 g de jeunes pousses de salade • Sel

Pour la vinaigrette
1 cuil. à soupe de moutarde • 3 cuil. à soupe de vinaigre • 9 cuil. à soupe d'huile d'olive • Sel, poivre

Matériel
Fouet

1. Placez les pommes de terre dans une grande casserole d'eau froide salée. Portez à ébullition, puis faites cuire pendant 20 min. Laissez refroidir les pommes de terre avant de les éplucher et de les couper en gros dés.

2. Coupez les betteraves en petits dés. Épluchez l'oignon rouge et coupez-le en fines rondelles. Coupez les filets de hareng en cubes.

3. Préparez la vinaigrette : dans un saladier, mélangez la moutarde avec le vinaigre. Salez et poivrez. Versez l'huile d'olive en filet, tout en mélangeant au fouet pour émulsionner la sauce. Ajoutez l'oignon, les jeunes pousses, les cubes de hareng, les dés de betteraves et de pommes de terre, puis mélangez. Réservez au frais jusqu'au moment de servir.

CONSEIL
Assaisonnez cette salade avec quelques herbes fraîches ciselées (persil, ciboulette, coriandre…), juste avant de servir.

FACILE

Pour **6** personnes
30 min de préparation
45 min de cuisson
Coût €€

WATERZOÏ DE POISSON

S'il existe une version à la volaille, le waterzoï était à l'origine cuisiné avec du poisson d'eau douce (anguille, carpe, brochet, truite, sandre, perche...), des légumes et du riz en garniture. Au départ, ce sont surtout les pauvres qui consommaient ce potage aussi consistant qu'un plat de résistance.

6 carottes • 4 navets • 1/2 céleri rave • 6 pommes de terre • 4 poireaux • 2 oignons • 30 g de beurre • 3 cuil. à café de fumet de poisson • 50 cl de vin blanc • 1 petit bouquet de persil • 1 kg de poissons coupés en morceaux (saumon, perche, sole, lotte, cabillaud...) • 3 jaunes d'œufs • 20 cl de crème fraîche • Le jus de 2 citrons • Sel, poivre

Matériel
Couteau économe • Cocotte • Fouet

1. Épluchez les carottes, les navets, le céleri, les pommes de terre et coupez-les en gros dés. Nettoyez les poireaux, supprimez un tiers du vert et coupez-les en tronçons. Épluchez et émincez les oignons.

2. Dans une cocotte, faites fondre le beurre. Faites revenir les oignons jusqu'à ce qu'ils prennent une coloration blonde. Ajoutez le reste des légumes. Salez, poivrez et prolongez la cuisson de quelques minutes.

3. Délayez le fumet de poisson avec 25 cl d'eau et le vin blanc. Versez le fumet sur les légumes, ajoutez le persil haché et faites cuire à feu doux pendant 30 min. Déposez ensuite les morceaux de poisson dans la cocotte et prolongez la cuisson de 10 min.

4. Dans un saladier, fouettez les jaunes d'œufs avec la crème fraîche et le jus de citron. Ajoutez une louche du bouillon de la cocotte et mélangez bien. Versez petit à petit la sauce dans la cocotte et mélangez délicatement. Rectifiez l'assaisonnement. Servez le waterzoï de poisson accompagné de pommes vapeur ou de riz.

BEIGNETS, CRÊPES & GAUFRES

Les ducasses sont des fêtes traditionnelles de village dans le nord de la France et en Belgique. Version ch'ti des fêtes patronales, elles avaient à l'origine une connotation religieuse. Aujourd'hui, ce sont des fêtes foraines où l'on adore déguster des gaufres, des crêpes ou des beignets.

UN PEU DIFFICILE

Pour **6** personnes
30 min de préparation
1 h de repos
5 min de cuisson
Coût €

BEIGNETS DE DUCASSE

Qui ne s'est jamais régalé de beignets ? Traditionnellement, ces croustillons sont vendus dans les baraques à frites, saupoudrés de sucre et servis dans des cornets en papier. Leur nom fait référence aux fameuses fêtes foraines, les ducasses, durant lesquelles le beignet est à l'honneur.

200 g de farine • 2 pincées de sel • 2 œufs entiers + 2 blancs • 10 cl de lait • 10 cl de bière blonde • 3 cuil. à soupe d'huile de tournesol • 5 pommes reinettes • Le jus de 1 citron • 100 g de sucre en poudre • Huile de friture • Sucre glace

Matériel
Fouet • Couteau économe • Batteur électrique • Friteuse • Écumoire • Papier absorbant

1. Dans un saladier, mélangez la farine avec 1 pincée de sel. Creusez un puits et cassez-y les œufs. Mélangez au fouet tout en versant petit à petit le lait et la bière. Ajoutez l'huile et mélangez de nouveau jusqu'à obtenir une pâte bien lisse. Laissez reposer pendant 1 h au frais.

2. Pelez les pommes, évidez-les et coupez-les en grosses rondelles d'environ 1,5 cm d'épaisseur. Arrosez-les de jus de citron pour éviter qu'elles noircissent. Disposez les rondelles dans un grand plat et saupoudrez-les de sucre en poudre de chaque côté. Réservez.

3. Dans un saladier, battez les 2 blancs d'œufs restants en neige avec 1 pincée de sel. Incorporez-les délicatement à la pâte à l'aide d'une spatule.

4. Faites chauffer l'huile de friture. Plongez les rondelles de pommes dans la pâte, puis dans l'huile. Laissez cuire pendant 5 min en les retournant une fois.

5. Sortez les beignets à l'aide de l'écumoire et posez-les sur du papier absorbant pour supprimer l'excès d'huile. Saupoudrez de sucre glace et servez immédiatement, quand ils sont encore tout chauds.

CONSEIL
Parfumez la pâte avec un peu de cannelle ou de vanille en poudre.

FACILE

Pour **6** personnes
20 min de préparation
2 h de repos
15 min de cuisson
Coût €

COUQUEBAQUES

Grosse crêpe à la bière, la couquebaque tire son nom des mots néerlandais koeck *(gâteau) et* bakken *(cuire). Cette crêpe se doit d'être deux fois plus épaisse qu'une crêpe classique pour mériter sa spécificité nordiste.*

300 g de farine • 1 pincée de sel • 60 g de vergeoise brune • 3 œufs • 25 cl de lait • 40 g de beurre fondu • 15 cl de bière • 1 cuil. à soupe de chicorée liquide

1. Dans un saladier, mélangez la farine, le sel et la vergeoise. Creusez un puits et versez-y les œufs battus, le lait, 10 cl d'eau et le beurre fondu. Mélangez jusqu'à obtenir une pâte bien lisse.

2. Ajoutez la bière, la chicorée liquide et mélangez de nouveau. Laissez reposer pendant 2 h à température ambiante.

3. Faites cuire les couquebaques dans une poêle graissée bien chaude. Elles doivent être deux fois plus épaisses que les crêpes classiques.

CONSEIL

Servez les couquebaques en dessert, accompagnées de cassonade ou de confiture.

FACILE

Pour environ **60** gaufres
20 min de préparation
2 h de repos
30 sec à **1** min de cuisson par gaufre
Coût €

GAUFRES SÈCHES DU NORD

Si aujourd'hui, nous dégustons ces friandises à l'heure du goûter, il arrivait autrefois que l'on consomme ces biscuits légers à base de farine et d'eau, cuits entre deux fers, lorsque l'on manquait de pain. À Dunkerque, la coutume voulait que ces savoureuses gaufres craquantes en forme de nid d'abeilles soient offertes aux voisins à l'occasion de la nouvelle année.

500 g de farine • 1 pincée de sel • 250 g de vergeoise • 1 sachet de sucre vanillé • 1 pincée de cannelle • 250 g de beurre très mou • 2 œufs

Matériel
Film alimentaire • Gaufrier avec plaques à gaufrettes • Pinceau de cuisine

1. Dans un saladier, mélangez la farine avec le sel, la vergeoise, le sucre vanillé et la cannelle. Faites un puits et versez-y les œufs battus en omelette et le beurre très mou. Pétrissez pendant 10 min jusqu'à obtenir une pâte bien lisse. Filmez et laissez reposer pendant au moins 2 h au frais.

2. Façonnez une soixantaine de petites boules avec la pâte et aplatissez-les légèrement. Faites chauffer le gaufrier avec les plaques à gaufrettes. À l'aide du pinceau, huilez les plaques. Faites cuire les boules de pâte deux par deux, entre 30 sec à 1 min. Les gaufres doivent être dorées mais pas brunes. Laissez-les refroidir sur une grille après la cuisson.

ASTUCE
Les gaufres sèches se conservent pendant plusieurs jours dans une boîte métallique.

FACILE

Pour **10** gaufres
20 min de préparation
45 min de repos
3 min de cuisson par gaufre
Coût €

GAUFRES LIÉGEOISES

Cette fameuse gaufre belge, petite et ronde, comporte traditionnellement 24 trous. Elle fait le délice de notre palais grâce à ses délicats petits grains de sucre perlé qui croustillent sous la dent ! L'invention de la gaufre liégeoise est attribuée au cuisinier du prince Geoffrey de Liège au XVIIIe siècle, qui aurait imaginé cette pâtisserie pour le prince, grand amateur de pâtisseries au sucre perlé.

1 cuil. à café de levure de boulanger déshydratée • 15 cl de lait • 250 g de farine • 1 pincée de sel • 1 œuf • 100 g de beurre mou • 120 g de sucre perlé • Huile

Matériel
Robot (facultatif) • Torchon • Gaufrier • Pinceau de cuisine

1. Dans un bol, délayez la levure avec le lait tiède. Dans un saladier, mélangez la farine avec le sel. Creusez un puits, cassez-y l'œuf puis versez le mélange de lait et de levure. Pétrissez à la main, ou au robot, jusqu'à obtenir une pâte bien lisse. Ajoutez le beurre mou et mélangez de nouveau. Couvrez d'un torchon et laissez reposer pendant 30 min dans un endroit tiède.

2. Ajoutez le sucre perlé et pétrissez de nouveau la pâte. Laissez reposer pendant 15 min.

3. Mettez le gaufrier à chauffer. À l'aide du pinceau, huilez les plaques. Placez-y 1 cuil. à soupe de pâte et refermez-le. Laissez cuire pendant environ 3 min jusqu'à ce que les gaufres soient bien dorées. Laissez refroidir sur une grille.

ASTUCE
Dégustez les gaufres tièdes, elles seront encore meilleures !

UN PEU DIFFICILE

Pour **20** à **30** gaufres
40 min de préparation
1 h **30** de repos
30 sec à **1** min de cuisson par gaufre
Coût €

GAUFRES FOURRÉES À LA VERGEOISE

Généralement de forme ovale, garnies de vergeoise ou de cassonade, les gaufres fourrées dégagent un délicieux parfum à leur sortie du gaufrier. Elles étaient très appréciées par un célèbre enfant du pays, le général de Gaulle, qui a accru la célébrité de ces gauf'au chuc' *!*

1/2 sachet de levure de boulanger déshydratée • 10 cl de lait • 60 g de beurre • 280 g de farine • 1 pincée de sel • 20 g de sucre en poudre • 1 sachet de sucre vanillé • 2 œufs

Pour le fourrage
250 g de vergeoise blonde ou de cassonade • 100 g de beurre demi-sel mou • 1 cuil. à soupe de rhum

Matériel
Robot (facultatif) • Torchon • Gaufrier avec plaques à gaufrettes • Plaque à pâtisserie • Papier sulfurisé • Pinceau de cuisine

1. Dans un bol, délayez la levure avec le lait tiède. Faites fondre le beurre à faible puissance au four à micro-ondes. Dans un saladier, mélangez la farine avec le sel, le sucre et le sucre vanillé. Faites un puits et versez-y les œufs battus en omelette, le mélange de lait et de levure et le beurre fondu. Pétrissez à la main, ou au robot, jusqu'à obtenir une pâte bien lisse. Couvrez d'un torchon et laissez reposer pendant 1 h dans un endroit tiède.

2. Préparez le fourrage : travaillez le beurre jusqu'à ce qu'il soit bien souple. Incorporez petit à petit la vergeoise. Ajoutez le rhum et mélangez.

3. Façonnez 20 à 30 petites boules avec la pâte en fonction de la taille des plaques à gaufrettes. Posez-les sur la plaque à pâtisserie, préalablement recouverte de papier sulfurisé. Laissez-les reposer pendant 30 min.

4. Faites chauffer le gaufrier avec les plaques à gaufrettes. À l'aide du pinceau, huilez les plaques. Faites cuire les boules de pâte deux par deux, sans fermer totalement le gaufrier, entre 30 sec et 1 min. Les gaufres doivent être légèrement gonflées et bien dorées.

5. Lorsqu'elles sont encore chaudes, ouvrez les gaufres en deux à l'aide d'un couteau pointu. Fourrez-les avec la préparation à la vergeoise. Refermez-les et laissez-les refroidir.

DÉLICES DU BOULANGER

Au moment de Noël, de Pâques ou pour les grandes occasions, les Ch'tis mettent la main à la pâte et confectionnent toute sorte de brioches traditionnelles comme le cramique, le craquelin ou le gâteau battu. Aujourd'hui, ces spécialités sont présentes tout au long de l'année dans les boulangeries du Nord, pour le plus grand bonheur des petits et des grands.

FACILE

Pour **6** personnes
40 min de préparation
3 h de repos
30 min de cuisson
Coût €

CRAMIQUE

Le plus souvent dégusté au petit déjeuner ou au goûter, le cramique, aussi appelé coquille de Noël, cougnou ou encore kramiek en flamand, est un pain brioché moelleux du Nord-Pas-de-Calais. Fourré aux raisins secs, sa forme d'origine est celle de trois coquilles symbolisant l'enfant Jésus emmailloté dans la crèche. Il était offert à l'occasion de Noël mais sa consommation s'est aujourd'hui généralisée et l'on peut savourer cette délicate brioche tout au long de l'année.

15 cl de lait • 60 g de sucre en poudre • 1 sachet de levure de boulanger déshydratée • 400 g de farine + 1 cuil. à soupe pour le moule • 1 cuil. à café de sel • 70 g de beurre mou + 1 noix pour le moule • 1 œuf entier + 1 jaune • 100 g de raisins secs

Matériel
Torchon • Moule à cake • Pinceau de cuisine

1. Faites tiédir le lait avec le sucre. Dans un bol, délayez la levure avec le lait tiède sucré. Dans un saladier, mélangez la farine et le sel. Creusez un puits et mettez-y le beurre mou coupé en petits morceaux et l'œuf entier battu. Ajoutez la levure délayée. Mélangez du bout des doigts en ramenant la farine au centre du saladier, jusqu'à ce que tous les ingrédients soient incorporés.

2. Déposez la pâte sur le plan de travail fariné et pétrissez-la pendant 10 min. Elle doit être lisse et homogène. Formez une boule, placez-la dans un saladier. Couvrez avec un torchon humide et laissez lever pendant 1 h 30 dans un endroit tiède. La pâte doit doubler de volume.

3. Déposez de nouveau la pâte sur le plan de travail fariné et incorporez les raisins secs. Travaillez la pâte jusqu'à ce qu'ils soient bien répartis.

4. Mettez la pâte dans un moule à cake beurré et fariné. Couvrez avec le torchon humide et laissez lever une nouvelle fois pendant 1 h 30 dans un endroit tiède, jusqu'à ce que la pâte ait encore doublé de volume.

5. Préchauffez le four à 180 °C (th. 6). Délayez le jaune d'œuf avec 1 cuil. à café d'eau et badigeonnez-en le dessus de la brioche à l'aide du pinceau. Enfournez pour 30 min de cuisson. La brioche doit être bien dorée.

FACILE

Pour **6** personnes
40 min de préparation
2 h de repos
30 min de cuisson
Coût €

CRAQUELIN

Ce pain brioché garni de pépites de sucre fait partie des mets consommés par les Boulonnais à Noël. La coutume veut qu'il accompagne le roustintin, un chocolat chaud au kirsch très prisé des marins.

25 cl de lait • 50 g de sucre en poudre • 1 sachet de levure de boulanger déshydratée • 500 g de farine • 1 pincée de sel • 100 g de beurre mou • 1 œuf entier + 1 jaune • 150 g de sucre perlé

Matériel
Torchon • Plaque à pâtisserie • Papier sulfurisé • Pinceau de cuisine

1. Faites tiédir le lait avec le sucre. Dans un bol, délayez la levure avec le lait tiède sucré. Dans un saladier, mélangez la farine et le sel. Creusez un puis et mettez-y le beurre mou coupé en petits morceaux et l'œuf entier battu. Ajoutez la levure délayée. Mélangez du bout des doigts en ramenant la farine au centre du saladier, jusqu'à ce que tous les ingrédients soient incorporés.

2. Déposez la pâte sur le plan de travail fariné et pétrissez-la pendant 10 min. Elle doit être lisse et homogène. Formez une boule, placez-la dans un saladier. Couvrez avec un torchon et laissez lever pendant 30 min.

3. Déposez de nouveau la pâte sur le plan de travail fariné et incorporez le sucre perlé. Travaillez la pâte jusqu'à ce que les grains de sucre soient bien répartis.

4. Mettez la pâte sur la plaque à pâtisserie préalablement recouverte de papier sulfurisé. Couvrez avec le torchon humide et laissez lever une nouvelle fois pendant 1 h 30 dans un endroit tiède. La pâte doit doubler de volume.

5. Préchauffez le four à 200 °C (th. 6-7). Délayez le jaune d'œuf avec 1 cuil. à café d'eau et badigeonnez-en le dessus de la brioche à l'aide du pinceau. Enfournez pour 30 min de cuisson. La brioche doit être bien dorée.

FACILE

Pour **4** personnes
15 min de préparation
4 h de repos
15 min de cuisson
Coût €

FALUCHE

La faluche est un pain blanc, moelleux et dense, originaire du Nord-Pas-de-Calais. Ni ronde ni ovale, elle ressemble plutôt à un ballon de football aplati. Elle est généralement consommée chaude, au petit déjeuner ou au goûter, avec du beurre et de la vergeoise.

1 sachet de levure de boulanger déshydratée • 15 cl de lait • 3 cuil. à soupe d'huile de pépins de raisin • 500 g de farine • 1 cuil. à café de sel • 1 cuil. à café de sucre

Matériel
Torchon • Rouleau à pâtisserie • Plaque à pâtisserie • Papier sulfurisé • Pinceau de cuisine

1. Dans un grand bol, délayez la levure avec le lait tiède. Ajoutez 15 cl d'eau tiédie, 2 cuil. à soupe d'huile de pépins de raisin et mélangez.

2. Dans un saladier, mélangez la farine avec le sel et le sucre. Creusez un puits et versez-y le mélange liquide. Mélangez du bout des doigts en ramenant la farine au centre du saladier jusqu'à ce que tous les ingrédients soient incorporés.

3. Déposez la pâte sur le plan de travail fariné et pétrissez-la pendant 10 min jusqu'à ce qu'elle ne soit plus collante. Formez une boule, couvrez avec un torchon et laissez lever pendant 3 h.

4. Pétrissez de nouveau la pâte et séparez-la pour former 4 boules de même taille. Aplatissez-les avec la paume de la main, puis au rouleau à pâtisserie pour former des disques de 1 cm d'épaisseur. Déposez-les sur la plaque à pâtisserie, préalablement recouverte de papier sulfurisé. Couvrez avec le torchon et laissez lever pendant 1 h.

5. Préchauffez le four à 180 °C (th. 6). À l'aide du pinceau, badigeonnez les faluches avec l'huile de pépins de raisin restante, puis saupoudrez-les de farine. Enfournez pour 15 min de cuisson. Les faluches doivent rester blanches. À la sortie du four, retournez-les pour éviter qu'elles soient humides en dessous.

CONSEIL
Utilisez les faluches pour préparer des sandwichs sucrés ou salés, froids ou chauds.

UN PEU DIFFICILE

Pour **8** personnes
1 h de préparation
3 h de repos
30 min de cuisson
Coût €

GÂTEAU BATTU

Aussi appelé gâteau mollet ou pain aux œufs, le gâteau battu est traditionnellement cuit dans un moule en forme de toque. C'est une sorte de brioche riche en beurre et en œufs. D'origine picarde, il était autrefois principalement dégusté à Pâques et lors des grandes occasions. Aujourd'hui, il n'y a plus de saison pour profiter de ce délicieux gâteau à la mie moelleuse et alvéolée.

2 sachets de levure de boulanger déshydratée • 3 cuil. à soupe de lait • 125 g de beurre + 1 noix pour le moule • 125 g de farine • 5 jaunes d'œufs + 1 blanc • 50 g de sucre en poudre • 1 pincée de sel

Matériel
Batteur électrique • Torchon • Moule à charlotte

1. Dans un bol, délayez la levure avec le lait tiède. Faites fondre le beurre à faible puissance au four à micro-ondes. Dans un saladier, mélangez la farine avec le sel. Creusez un puits et placez-y les jaunes d'œufs, le beurre fondu et le sucre. Malaxez bien la pâte, puis ajoutez la levure délayée.

2. Montez le blanc d'œuf en neige. Incorporez-le à la pâte et travaillez longuement cette dernière à la main jusqu'à ce qu'elle se détache des bords du saladier. Couvrez avec un torchon et laissez reposer pendant 1 h.

3. Travaillez de nouveau la pâte à la main. Recouvrez avec le torchon et laissez reposer pendant encore 1 h.

4. Placez la pâte dans le moule à charlotte beurré. Recouvrez avec le torchon, laissez reposer une dernière fois pendant 1 h.

5. Préchauffez le four à 180 °C (th. 6) et faites cuire pendant 30 min. Attendez 5 min avant de démouler, laissez le gâteau battu refroidir sur une grille.

CONSEIL
Servez ce gâteau battu avec de la confiture de rhubarbe ou de la crème anglaise.

FACILE

Pour **1** pain de **800** g
20 min de préparation
3 h de repos
30 min de cuisson
Coût €

PAIN À LA BIÈRE

Blonde, blanche, brune ou ambrée : à vous de choisir la bière que vous souhaitez utiliser pour parfumer ce délicieux pain maison. Il accompagnera à merveille les fromages typiques du Nord.

33 cl de bière • 1 cuil. à soupe de miel liquide • 500 g de farine • 1 sachet de levure de boulanger déshydratée • 2 cuil. à café rases de sel • 1 noix de beurre pour le moule

Matériel
Torchon • Moule à cake • Ramequin

1. Faites tiédir très légèrement la bière avec le miel. Ajoutez la levure et mélangez. Dans un saladier, mélangez la farine et le sel. Creusez un puits et versez-y le mélange liquide. Mélangez du bout des doigts en ramenant la farine au centre du saladier jusqu'à ce que tous les ingrédients soient incorporés.

2. Déposez la pâte sur le plan de travail fariné et pétrissez pendant 10 min jusqu'à ce qu'elle ne soit plus collante. Formez une boule, couvrez avec un torchon et laissez lever pendant 2 h dans un endroit tiède.

3. Travaillez de nouveau la pâte pour la dégazer (c'est-à-dire pour enlever les bulles d'air). Placez-la dans le moule à cake beurré, couvrez avec le torchon et laissez lever de nouveau pendant 1 h dans un endroit tiède.

4. Préchauffez le four à 230 °C (th. 7-8). Placez le ramequin rempli d'eau dans le four et enfournez le pain pour 10 min de cuisson. Baissez la température à 180 °C (th. 6) et prolongez la cuisson de 20 min. Démoulez et laissez refroidir sur une grille.

CONSEIL
Coupez votre pain à la bière en tranches que vous ferez griller pour accompagner une soupe ou un morceau de maroilles.

DIFFICILE

Pour **4** personnes
20 min de préparation
20 min de cuisson
2 h de repos
Coût €

PAIN PERDU ET SA CRÈME ANGLAISE À LA CHICORÉE

Chez les Ch'tis, rien ne se perd et surtout pas le pain ! Lorsque ce dernier devient un peu dur, on le transforme en dessert de fête grâce à cette délicieuse recette de pain perdu.

Pour la crème anglaise
4 jaunes d'œufs • 60 g de sucre en poudre • 50 cl de lait • 1 cuil. à soupe de chicorée liquide

Pour le pain perdu
2 œufs • 40 cl de lait • 100 g de vergeoise brune • 50 g de beurre • 8 grosses tranches de pain rassis

Matériel
Fouet

1. Préparez d'abord la crème anglaise. Dans un saladier, battez les jaunes d'œufs avec le sucre jusqu'à ce que le mélange blanchisse et double de volume.

2. Portez à ébulition le lait et la chicorée dans une casserole. Retirez du feu et versez le tout sur les jaunes d'œufs tout en mélangeant au fouet. Remettez le mélange dans la casserole et faites épaissir à feu doux sans cesser de remuer. Retirez du feu lorsque la crème nappe le dos de la cuillère. Réservez au frais pendant 2 h.

3. Préparez le pain perdu : dans un saladier, battez les œufs avec le lait et la vergeoise. Versez le mélange dans une assiette creuse.

4. Faites chauffer le beurre dans une poêle. Trempez 2 tranches de pain dans le mélange précédent jusqu'à ce qu'elles soient bien imbibées, puis faites-les cuire 3 min par face pour qu'elles soient légèrement colorées.

5. Renouvelez l'opération avec les tranches de pain restantes. Servez chaud accompagné de la crème anglaise à la chicorée.

VARIANTE
Pour une version encore plus gourmande, remplacez le pain par de la brioche.

GÂTEAUX & TARTES

Chez les Ch'tis, il est difficile d'imaginer un repas en famille sans déguster une tarte pour le dessert. Si l'incontournable tarte au sucre est désormais bien connue même au-delà des frontières de la région, la diversité des tartes du Nord mérite d'être explorée. Pour cela, il n'y a qu'une solution : toutes les goûter !

DIFFICILE

Pour **6** personnes
1 h **30** de préparation
45 min de cuisson
45 min de repos
Coût €

CALAIS

Les Ch'tis sont de grands consommateurs de café, ils l'aiment corsé, additionné de chicorée. Il n'est donc pas étonnant que le café soit à l'honneur dans cette gourmandise de la ville de Calais.

Pour le biscuit
5 blancs d'œuf • 125 g de sucre en poudre • 125 g de poudre d'amandes • 25 g de farine

Pour la crème au café
5 jaunes d'œufs • 1 cuil. à soupe de poudre de café soluble • 1 cuil. à café de chicorée liquide • 150 g de sucre en poudre • 200 g de beurre mou

Pour le glaçage et la décoration
100 g de fondant en poudre pour glaçage blanc • 1 cuil. à café d'extrait de café • 30 g de chocolat noir fondu • 50 g de pralin

Matériel
Batteur électrique • Poche à douille • Cercle à pâtisserie de 25 cm de diamètre • Plaque à pâtisserie • Papier sulfurisé • Thermomètre de cuisson

1. Préparez le biscuit : préchauffez le four à 180 °C (th. 6). Montez les blancs en neige. Quand ils commencent à mousser, ajoutez progressivement le sucre et continuez à battre jusqu'à ce que les blancs soient fermes et brillants. Incorporez délicatement la poudre d'amandes et la farine à l'aide d'une spatule.

2. Recouvrez la plaque à pâtisserie de papier sulfurisé et déposez-y le cercle à pâtisserie. À l'aide de la poche à douille, remplissez-le de pâte. Enfournez pour 15 à 20 min de cuisson. Laissez refroidir pendant quelques minutes avant de décoller le biscuit. Renouvelez l'opération avec la pâte restante.

3. Préparez la crème au café : mélangez les jaunes d'œufs avec la poudre de café soluble et la chicorée. Dans une casserole, mélangez 5 cl d'eau et le sucre. Portez à ébullition et faites cuire jusqu'à 121 °C. Versez ce caramel sur les jaunes d'œufs en fouettant au batteur électrique jusqu'au refroidissement complet du mélange. Incorporez ensuite le beurre petit à petit en continuant de battre à faible vitesse. Réservez au frais pendant 30 min.

4. Dans un plat, posez le cercle à pâtisserie sur un fond de biscuit. Garnissez de crème au beurre au café, réservez-en 3 cuil. à soupe. Recouvrez avec le deuxième biscuit. Mélangez le fondant, 1 cuil. à café d'eau et l'extrait de café. Recouvrez-en le gâteau. Réservez au frais pendant 15 min.

5. Retirez le cercle. Tartinez le tour du gâteau avec la crème au café restante et recouvrez de pralin. À l'aide de la poche à douille remplie de chocolat fondu, écrivez « Calais » sur le dessus.

Calais

FACILE

Pour **8** personnes
30 min de préparation
2 h de repos
30 min de cuisson
Coût €

TARTE AU SUCRE

Les Ch'tis ont toujours été de gros consommateurs de sucre sous toutes ses formes : mélasse, cassonade ou vergeoise. Au XIXe siècle, la région comptait d'ailleurs de nombreuses raffineries de sucre. C'est ainsi que la tarte al chuc' *est devenue la tarte du Nord par excellence.*

10 cl de lait • 30 g de sucre en poudre • 1 sachet de levure de boulanger déshydratée • 250 g de farine • 1 pincée de sel • 80 g de beurre mou + 1 noix pour le plat • 1 œuf

Pour la garniture
150 g de cassonade • 1 œuf • 5 cl de crème liquide • 30 g de beurre demi-sel

Matériel
Torchon • Rouleau à pâtisserie • Plat à tarte

1. Faites tiédir le lait avec le sucre. Dans un bol, délayez la levure avec le lait tiède sucré. Dans un saladier, mélangez la farine et le sel. Creusez un puits et mettez-y le beurre mou coupé en petits morceaux, l'œuf et la levure. Mélangez du bout des doigts, jusqu'à ce que tous les ingrédients soient incorporés.

2. Déposez la pâte sur le plan de travail fariné et pétrissez-la pendant 10 min. Elle doit être lisse et homogène. Formez une boule, placez-la dans un saladier. Couvrez avec un torchon et laissez lever pendant 1 h dans un endroit tiède. La pâte doit avoir doublé de volume.

3. Sur le plan de travail fariné, étalez la pâte sur 5 mm d'épaisseur et placez-la dans le plat à tarte beurré. Appuyez bien sur les bords. Couvrez avec le torchon et laissez lever une nouvelle fois pendant 1 h.

4. Préchauffez le four à 180 °C (th. 6). Faites des trous réguliers dans la pâte à l'aide de votre index. Recouvrez de cassonade.

5. Dans un bol, battez l'œuf avec la crème. Répartissez ce mélange sur la cassonade et parsemez de noisettes de beurre. Enfournez pour 30 min de cuisson.

FACILE

Pour **6** personnes
20 min de préparation
20 min de repos
30 à **40** min de cuisson
Coût €

TARTE À LA CASSONADE

Très proche de la tarte au sucre et tout aussi populaire, la tarte à la cassonade est composée d'une base de crème fraîche, de bière et, bien sûr, de cassonade. Sa recette se transmet de génération en génération et se déguste aussi bien au petit déjeuner qu'en dessert ou au goûter.

1 pâte sablée (recette p. 25) • 200 g de cassonade brune • 20 g de beurre demi-sel • 2 œufs • 2 cuil. à soupe de crème fraîche • 25 cl de bière blonde • 1 noix de beurre pour le plat

Matériel
Rouleau à pâtisserie • Plat à tarte

1. À l'aide du rouleau à pâtisserie, étalez la pâte et déposez-la dans le plat à tarte beurré. Placez au frais pendant 20 min.

2. Préchauffez le four à 210 °C (th. 7). Piquez le fond de la tarte avec une fourchette et saupoudrez de cassonade brune. Faites fondre le beurre à faible puissance au four à micro-ondes. Dans un saladier, mélangez les œufs avec le beurre fondu, la crème fraîche et la bière. Versez le mélange sur la cassonade.

3. Enfournez pour 30 à 40 min de cuisson. La tarte doit être légèrement dorée. Laissez-la refroidir avant de la déguster.

FACILE

Pour **6** personnes
35 min de préparation
3 h **20** de repos
40 à **45** min de cuisson
Coût €

TARTE À LA RHUBARBE

Vous cherchez comment accommoder vos tiges de rhubarbe ?
Dans cette recette savoureuse, la rhubarbe et la cassonade agrémentées de spéculoos parfument avec douceur la pâte sablée.

800 g de rhubarbe • 300 g de cassonade blonde • 1 pâte sablée (recette p. 25) • 3 œufs • 150 g de crème fraîche épaisse • 8 spéculoos • 1 noix de beurre pour le plat

Matériel
Rouleau à pâtisserie • Plat à tarte • Papier sulfurisé • Légumes secs pour la cuisson à blanc • Passoire

1. Épluchez la rhubarbe et coupez-la en petits tronçons. Placez-les dans un saladier avec 150 g de cassonade blonde. Laissez dégorger pendant 3 h.

2. Préchauffez le four à 200 °C (th. 6-7). À l'aide du rouleau à pâtisserie, étalez la pâte et garnissez-en le plat à tarte beurré. Placez au frais pendant 20 min.

3. Piquez le fond de tarte avec une fourchette, recouvrez-la d'une feuille de papier sulfurisé et garnissez-la de légumes secs pour éviter que la pâte gonfle. Enfournez pour 10 min de cuisson.

4. Dans un saladier, mélangez les œufs avec la crème et 100 g de cassonade blonde. Égouttez la rhubarbe.

5. Sortez le plat à tarte du four et enlevez les légumes secs et la feuille de papier sulfurisé. Écrasez grossièrement les spéculoos et répartissez-les sur le fond de tarte. Ajoutez les tronçons de rhubarbe, puis la crème à la cassonade. Saupoudrez de cassonade et enfournez pour 30 min de cuisson.

VARIANTE
Remplacez les spéculoos par d'autres biscuits secs ou par de la poudre d'amandes.

FACILE

Pour **8** personnes
30 min de préparation
1 h **15** de cuisson
Coût €

TARTE FLAMANDE AUX POMMES

Les pommes apportent un parfum irrésistible à cette tarte moelleuse et légère sur fond de pâte brisée, dans la plus pure tradition flamande.

10 pommes Boskoop • Le jus de 1 citron • 100 g de vergeoise brune • 1 pâte brisée (recette p. 24) • 40 g de beurre + 1 noix pour le plat • 200 g de sucre en poudre

Matériel

Couteau économe • Plat à tarte • Passoire fine • Pinceau de cuisine

1 Épluchez les pommes et réservez les épluchures. Coupez 7 pommes en gros dés. Conservez-en 3 entières pour la garniture et citronnez-les pour éviter qu'elles noircissent.

2 Dans une casserole, mettez les dés de pommes avec 50 g de vergeoise brune et 10 cl d'eau. Faites cuire à feu doux et à couvert pendant 20 à 25 min.

3 Préchauffez le four à 180 °C (th. 6). Étalez la pâte brisée dans un plat à tarte beurré. Piquez le fond à l'aide d'une fourchette et répartissez la compote.

4 Coupez les 3 pommes restantes en fines lamelles et disposez-les en rosace sur la compote, en les faisant se chevaucher. Saupoudrez avec le reste de vergeoise et ajoutez le beurre en petites noisettes. Enfournez pour 30 à 35 min de cuisson.

5 Dans une casserole, mettez les épluchures de pommes avec le sucre et 10 cl d'eau. Faites cuire pendant 15 min. Filtrez ce sirop, puis badigeonnez-en la tarte à l'aide du pinceau.

DIFFICILE

Pour **6** personnes
15 min de préparation
1 h de repos
40 min de cuisson
Coût €

TARTE LIBOULI

La tarte libouli (littéralement « lait bouilli ») est une tarte « à gros bords », ces tartes d'antan que l'on préparait sans moule. On pliait très largement les bords afin que la préparation à la crème ne coule pas. Sa pâte briochée, habillée d'une savoureuse crème pâtissière, en fait une pâtisserie incontournable des Flandres.

10 cl de lait tiède • 10 g de sucre en poudre • 1/2 sachet de levure de boulanger déshydratée • 250 g de farine • 2 pincées de sel • 75 g de beurre + 1 noix pour le plat • 1 œuf

Pour la crème
3 œufs entiers + 1 jaune • 150 g de sucre en poudre • 60 g de farine • 60 cl de lait • 1 gousse de vanille

Matériel
Torchon • Fouet • Film alimentaire • Plat à tarte • Pinceau de cuisine

1. Préparez la pâte. Dans un bol, délayez la levure avec le lait tiède et le sucre. Dans un saladier, mélangez la farine et le sel. Faites fondre le beurre à faible puissance au four à micro-ondes. Creusez un puits et versez-y le beurre fondu, puis l'œuf battu. Ajoutez la levure délayée. Mélangez du bout des doigts jusqu'à ce que les tous les ingrédients soient incorporés.

2. Déposez la pâte sur le plan de travail fariné et pétrissez-la pendant 10 min. La pâte doit être lisse et homogène. Formez une boule, placez-la dans un saladier. Couvrez avec un torchon et laissez lever pendant 1 h dans un endroit tiède.

3. Préparez la crème : fouettez les 3 œufs entiers avec la moitié du sucre. Ajoutez la farine et mélangez bien. Dans une casserole, faites bouillir le lait avec le reste du sucre et la gousse de vanille fendue en deux. Versez le lait sur le mélange précédent. Remettez le tout dans la casserole et faites chauffer à feu doux en remuant sans arrêt, jusqu'à ce que la crème épaississe. Versez dans un saladier, filmez au contact de la crème et laissez tiédir.

4. Travaillez la pâte pendant quelques minutes pour en chasser l'air. Étalez-la finement dans un plat à tarte beurré en veillant à ce que les bords soient bien épais. Supprimez l'excédent de pâte. Versez la crème et formez un quadrillage sur le dessus avec les chutes de pâte. Délayez le jaune d'œuf avec 1 cuil. à café d'eau et badigeonnez-en le dessus de la pâte. Enfournez pour 40 min de cuisson. La pâte doit être bien dorée et la crème bien jaune.

BISCUITS & AUTRES DOUCEURS

Les Ch'tis sont de vrais becs sucrés, ils raffolent de toutes sortes de douceurs, plus gourmandes les unes que les autres. Deux produits sont omniprésents dans les pâtisseries du Nord : la chicorée et les spéculoos, vous ne pourrez pas leur échapper !

FACILE

Pour **8** personnes
15 min de préparation
8 h de repos
20 min de cuisson
Coût €€

MACARONS D'AMIENS

Ces douceurs d'Amiens ne ressemblent pas vraiment aux macarons traditionnels préparés avec une base de meringue. Ce sont plutôt de délicieux biscuits moelleux au goût d'amande et de miel, dont la renommée remonte au XVIe siècle. Plusieurs confiseries d'Amiens et de ses environs perpétuent cette recette traditionnelle.

250 g de poudre d'amandes • 100 g de sucre en poudre • 100 g de sucre glace • 1 cuil. à soupe de miel • 1 jaune d'œuf + 2 blancs • 1 cuil. à soupe de gelée d'abricot • 1 cuil. à café de vanille en poudre • 1 cuil. à café d'extrait d'amande amère

Matériel
Batteur électrique • Film alimentaire • Moules à mini-muffins (ou plaque à pâtisserie + papier sulfurisé)

1. Dans un saladier, mélangez la poudre d'amandes avec les sucres. Ajoutez le miel, le jaune d'œuf, la gelée d'abricot, la vanille en poudre et l'extrait d'amande amère.

2. Montez les blancs en neige et incorporez-les au mélange précédent. Malaxez jusqu'à obtenir une pâte homogène. Filmez la pâte et laissez-la reposer au frais pendant 8 h.

3. Préchauffez le four à 160 °C (th. 4-5). Formez un boudin avec la pâte et découpez-le en rondelles d'environ 2 cm d'épaisseur. Placez-les dans les moules à mini-muffins (ou directement sur une plaque à pâtisserie recouverte de papier sulfurisé).

4. Enfournez pour 20 min de cuisson. Les gâteaux doivent être blonds dorés.

CONSEIL
L'utilisation de moules à mini-muffins n'est pas indispensable, mais elle permet aux macarons de garder une forme bien ronde et de ne pas s'étaler.

FACILE

Pour environ **30** biscuits
20 min de préparation
1 h de repos
20 min de cuisson
Coût €

NIEULLES

Tous les ans, les nieulles sont mis à l'honneur à Armentières lors de la fête des Nieulles, dont l'origine remonte au Moyen Âge. À cette occasion, comme le veut la tradition, ces petits gâteaux ronds sont jetés du haut du beffroi de l'Hôtel de Ville.

250 g de farine • 100 g de sucre en poudre • 100 g de beurre mou • 1 jaune d'œuf • 3 cuil. à soupe de lait

Matériel
Film alimentaire • Emporte-pièce rond • Plaque à pâtisserie • Papier sulfurisé

1. Dans un saladier, mélangez la farine avec le sucre. Ajoutez le beurre mou coupé en petits morceaux et travaillez du bout des doigts pour obtenir un mélange sableux.

2. Ajoutez le jaune d'œuf, le lait et pétrissez jusqu'à obtenir une pâte bien lisse. Enveloppez-la dans du film alimentaire et placez au frais pendant 1 h.

3. Préchauffez le four à 180 °C (th. 6). Sur un plan de travail fariné, à l'aide du rouleau à pâtisserie fariné, étalez la pâte sur 0,5 cm d'épaisseur. Découpez des ronds à l'aide de l'emporte-pièce ou d'un verre retourné.

4. Placez les biscuits sur la plaque à pâtisserie recouverte de papier sulfurisé. Enfournez pour 20 min de cuisson. Les biscuits doivent être légèrement dorés.

CONSEIL
Parfumez la pâte avec de la vanille, de la cannelle ou du gingembre.

DIFFICILE

Pour **30** biscuits
1 h de préparation
10 min de cuisson
Coût €

PALETS DE DAMES

Ce biscuit évoque de doux souvenirs d'enfance, des goûters gourmands en famille. Recouvert de confiture d'abricot et d'un glaçage craquant, il régalera les petits comme les grands !

125 g de beurre mou • 150 g de sucre en poudre • 2 œufs • 150 g de farine • 50 g de poudre d'amandes • 1 pot de confiture d'abricot

Pour le glaçage
1 blanc d'œuf • 200 g de sucre glace • Le jus de 1/2 citron

Matériel
Plaque à pâtisserie • Papier sulfurisé • Fouet

1. Préchauffez le four à 180 °C (th. 6). Dans un saladier, travaillez le beurre mou avec le sucre. Ajoutez les œufs un à un. Ajoutez la farine, la poudre d'amandes et mélangez jusqu'à l'obtention d'une pâte homogène.

2. À l'aide de 2 cuillères à café, déposez des petits tas de pâte sur la plaque à pâtisserie recouverte de papier sulfurisé, en veillant à bien les espacer.

3. Enfournez pour 10 min de cuisson. Laissez les biscuits refroidir sur une grille. Nappez-les ensuite d'une fine couche de confiture d'abricot.

4. Préparez le glaçage en fouettant le blanc d'œuf avec le sucre glace et le jus de citron. Si le glaçage est trop épais, ajoutez du jus de citron. S'il est trop liquide, ajoutez du sucre glace. Lorsque le glaçage est bien homogène, nappez-en les palets. Laissez sécher jusqu'à ce que le glaçage devienne solide.

FACILE

Pour **40** sablés
25 min de préparation
2 h de repos
10 min de cuisson
Coût €

SABLÉS À LA CHICORÉE

Délicatement parfumés à la chicorée, ces petits gâteaux accompagnent parfaitement la fameuse jatte ed'jus, *l'incontournable tasse de café des Ch'tis !*

250 g de farine • 1 pincée de sel • 120 g de sucre en poudre • 120 g de beurre mou • 2 jaunes d'œufs • 3 cuil. à soupe de chicorée liquide • 20 g de sucre cristallisé

Matériel
Film alimentarie • Plaque à pâtisserie • Papier sulfurisé

1. Dans un saladier, mélangez la farine avec le sel et le sucre. Ajoutez le beurre coupé en petits morceaux et mélangez du bout des doigts pour obtenir un mélange sableux.

2. Ajoutez les jaunes d'œufs, la chicorée et travaillez la pâte jusqu'à ce qu'elle ne soit plus collante. Formez 2 boudins avec la pâte, filmez-les et laissez-les reposer pendant 2 h au frais.

3. Préchauffez le four à 180 °C (th. 6). Découpez des tranches d'environ 7 mm d'épaisseur et placez-les sur la plaque à pâtisserie recouverte de papier sulfurisé. Saupoudrez de sucre cristallisé. Enfournez pour 10 à 12 min de cuisson. À la sortie du four, laissez les sablés refroidir sur une grille.

FACILE
Pour **6** personnes
20 min de préparation
24 h de repos
Coût €

CH'TIRAMISU

Quand la cuisine ch'ti se met aux couleurs de l'Italie, cela donne le ch'tiramisu ! Un savoureux mélange des spécialités de ces deux contrées, pour un dessert encore plus gourmand.

3 œufs • 80 g de sucre en poudre • 250 g de mascarpone • 2 cuil. à soupe de chicorée liquide • 22 spéculoos (recette p. 22) • 1 cuil. à soupe de cacao amer

Matériel
Fouet • Batteur électrique • 6 verrines

1. Séparez les jaunes d'œufs des blancs. Dans un saladier, battez les jaunes avec le sucre jusqu'à ce que le mélange blanchisse et double de volume. Ajoutez le mascarpone et la chicorée. Fouettez de nouveau pendant 2 min afin d'obtenir un mélange lisse et sans grumeaux.

2. Battez les blancs d'œufs en neige et incorporez-les délicatement au mélange précédent. Émiettez grossièrement 20 spéculoos.

3. Remplissez les verrines en alternant les spéculoos et la crème, en commençant par les biscuits et en finissant par la crème. Réservez au frais pendant 24 h.

4. Mixez les 2 spéculoos restants avec le cacao amer. Au moment de servir, saupoudrez les verrines de ce mélange.

DIFFICILE

Pour **6** personnes
15 min de préparation
1 h de cuisson
2 h de repos
Coût €

CRÈMES BRÛLÉES À LA CHICORÉE

Très présente dans la cuisine du Nord, la chicorée est une plante dont on peut utiliser les feuilles ou les racines, en fonction de la variété. C'est à partir de la racine, qui est séchée, torréfiée et moulue, que l'on fabrique un succédané de café, appelé couramment chicorée. Cet ingrédient entre dans la composition de nombreuses douceurs sucrées.

8 jaunes d'œufs • 100 g de sucre en poudre • 50 cl de crème liquide entière • 25 cl de lait entier • 2 cuil. à soupe de chicorée liquide • 6 cuil. à soupe de cassonade

Matériel
Fouet • 6 moules à crème brûlée • Chalumeau

1. Préchauffez le four à 100 °C (th. 3-4). Dans un saladier, battez les jaunes d'œufs avec le sucre jusqu'à ce que le mélange blanchisse.

2. Dans une casserole, versez la crème, le lait et la chicorée. Portez à ébullition, puis versez sur les jaunes d'œufs tout en mélangeant au fouet.

3. Répartissez la préparation dans les moules à crème brûlée et enfournez pour 1 h de cuisson. Laissez refroidir à température ambiante, puis placez au frais pendant 2 h.

4. Juste avant de servir, saupoudrez les crèmes de cassonade et caramélisez-en la surface à l'aide du chalumeau.

FACILE

Pour environ **1** l de glace
20 min de préparation
10 min de cuisson
9 h de repos
Coût €

GLACE AUX SPÉCULOOS

Chez les Ch'tis, les spéculoos s'invitent un peu partout au moment du dessert, alors pourquoi pas dans une glace maison ?

4 jaunes d'œufs • 80 g de sucre en poudre • 40 cl de lait entier • 200 g de spéculoos (recette p. 22) • 25 cl de crème liquide entière

Matériel
Fouet • Mixeur • Batteur électrique • Sorbetière

1. Dans un saladier, battez les jaunes d'œufs avec le sucre jusqu'à ce que le mélange blanchisse et double de volume.

2. Versez le lait dans une casserole et portez-le à ébullition. Retirez-le du feu et versez-le sur les œufs tout en mélangeant au fouet. Remettez le mélange dans la casserole et faites épaissir à feu doux sans cesser de remuer. Retirez du feu lorsque la crème nappe le dos de la cuillère.

3. Mixez les spéculoos et incorporez-les au mélange précédent. Réservez au frais pendant au moins 6 h. Placez la crème liquide au frais dans un saladier et mettez les fouets du batteur électrique au congélateur pendant 1 h.

4. Montez la crème liquide en chantilly à l'aide du batteur électrique et incorporez-la délicatement à la crème de spéculoos.

5. Versez la préparation dans la sorbetière et lancez le cycle de turbinage. Placez la glace pendant 2 h au congélateur avant de servir.

ASTUCE
Pour une version encore plus gourmande, ajoutez des morceaux de spéculoos grossièrement émiettés pendant le cycle de turbinage.

FACILE

Pour environ **400** g
10 min de préparation
2 min de cuisson
2 h de repos
Coût €

PÂTE DE SPÉCULOOS

Quand les spéculoos se transforment en pâte à tartiner, on obtient une irrésistible pâte de spéculoos ! Généreusement tartinée sur une crêpe à la bière, une couquebaque ou encore une tranche de gâteau battu, vous ne pourrez rester insensible à cette gourmandise !

60 g de margarine • 200 g de spéculoos (recette p. 22) • 150 g de lait concentré sucré • 1 cuil. à café de cannelle

Matériel
Mixeur • Pot en verre

1. Faites fondre la margarine à faible puissance au four à micro-ondes.

2. Mettez les spéculoos dans le bol du mixeur. Ajoutez la margarine fondue, le lait concentré sucré et la cannelle. Mixez jusqu'à l'obtention d'une pâte homogène.

3. Versez la pâte de spéculoos dans un pot en verre et laissez-la reposer pendant 2 h au frais avant de déguster. Elle se conserve pendant 15 jours au réfrigérateur.

ASTUCE
Pensez à sortir la pâte de spéculoos du réfrigérateur 1 h avant de servir.

RESTAURANT
MAISON DU CANON

- MESURES & ÉQUIVALENCES -

MESURER LES INGRÉDIENTS

INGRÉDIENTS	1 cuil. à café	1 cuil. à soupe	1 verre à moutarde
Beurre	7 g	20 g	-
Cacao en poudre	5 g	10 g	90 g
Crème épaisse	1,5 cl	4 cl	20 cl
Crème liquide	0,7 cl	2 cl	20 cl
Farine	3 g	10 g	100 g
Liquides divers (eau, huile, vinaigre, alcool)	0,7 cl	2 cl	20 cl
Maïzena®	3 g	10 g	100 g
Poudre d'amandes	6 g	15 g	75 g
Raisins secs	8 g	30 g	110 g
Riz	7 g	20 g	150 g
Sel	5 g	15 g	-
Semoule, couscous	5 g	15 g	150 g
Sucre en poudre	5 g	15 g	150 g
Sucre glace	3 g	10 g	110 g

MESURER LES LIQUIDES

1 verre à liqueur = 3 cl

1 tasse à café = 8 à 10 cl

1 verre à moutarde = 20 cl

1 mug (tasse) = 25 cl

POUR INFO

1 œuf = 50 g

1 noisette de beurre = 5 g

1 noix de beurre = 15 à 20 g

RÉGLER SON FOUR

Température (°C)	Thermostat
30	1
60	2
90	3
120	4
150	5
180	6
210	7
240	8
270	9

- TABLE DES RECETTES -

- TABLE DES MATIÈRES -

RETROUVEZ TOUS LES TITRES

- FAIT MAISON -

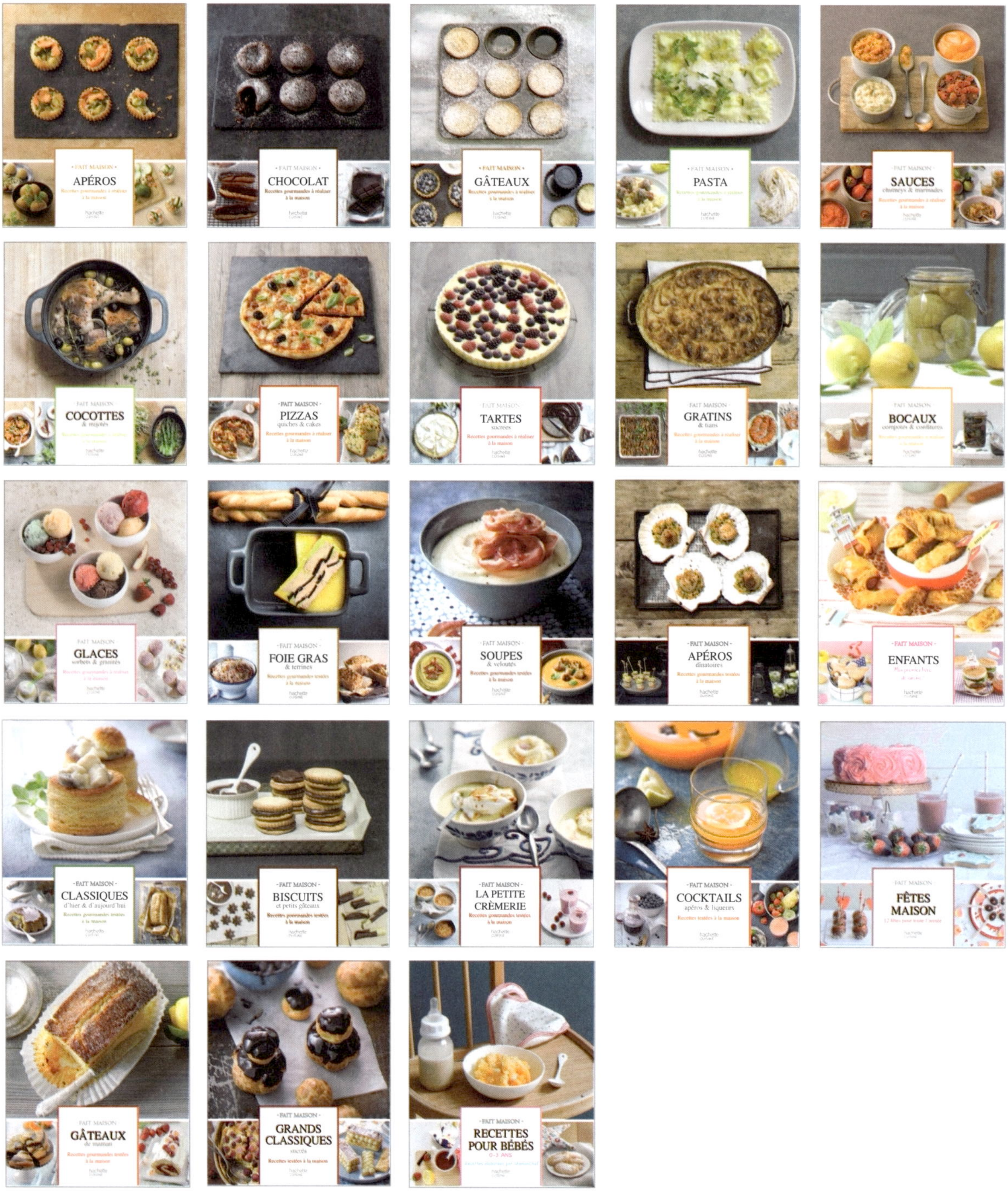

DE LA COLLECTION - FAIT MAISON -

- FAIT MAISON - d'ailleurs

- FAIT MAISON - Made in France

REMERCIEMENTS

Tout d'abord, merci à Caroline de m'avoir fait confiance. Pour notre premier Fait Maison ensemble, je crois que c'est une belle collaboration.
Un grand merci à mes parents et en particulier à ma maman pour les tests de recettes, avec parfois une petite dose d'acharnement.
Merci aux copains et à la famille pour leur soutien (petit clin d'œil à ma sœurette) !
Alice, cette fois tu n'as pas joué la relectrice, mais tu as quand même le droit à un grand merci pour ta présence à mes côtés dans cette période riche en événements.
Un grand merci à Mathilde pour son coup de main très efficace de dernière minute !
Merci Thomas pour ton soutien pendant ce marathon ch'ti. Notre première aventure culinaire était très belle !
Pour finir, un petit clin d'œil à la famille Lorriaux pour le partage de recettes.

Chae Rin Vincent remercie : Staub, www.staub.fr, Duralex, www.duralex.com.

p. 26-27 : L'ombre de la grand roue sur le vieux Lille © Garatizote / Fotolia, p. 84-85 : Légumes © Brad Pict / Fotolia, p. 122 : Château de sable au pied des falaises de craie, Côte d'Opale © Patrick Escudero / Hemis, p. 123 : Nord-Pas-de-Calais, panorama avec terrils © Brad Pict / Fotolia, p.182-183 : Grand'Place de Bethune © Cultura / Hemis

43, quai de Grenelle – 75905 Paris, Cedex 15

Direction : Catherine Saunier-Talec
Responsable éditoriale : Anne la Fay
Responsables de projet : Caroline Terral et Stéphane Mouren
Responsable artistique : Antoine Béon
Conception intérieure et couverture : Salah Kherbouche
Réalisation intérieure : Les Paoistes
Correction : Fabienne Vaslet
Fabrication : Isabelle Simon-Bourg
Responsable partenariats : Sophie Morier (smorier@hachette-livre.fr)

Dépôt légal : février 2014
23-11-1696-01-6
ISBN : 978-2-01-231696-6
Impression : Caryfosa, Espagne